COMO RESTAURAR A PAZ NAS ESCOLAS

UM GUIA PARA EDUCADORES

Conselho Acadêmico
Ataliba Teixeira de Castilho
Carlos Eduardo Lins da Silva
Carlos Fico
Jaime Cordeiro
José Luiz Fiorin
Tania Regina de Luca

Proibida a reprodução total ou parcial em qualquer mídia
sem a autorização escrita da editora.
Os infratores estão sujeitos às penas da lei.

A Editora não é responsável pelo conteúdo deste livro.
O Autor conhece os fatos narrados, pelos quais é responsável,
assim como se responsabiliza pelos juízos emitidos.

Consulte nosso catálogo completo e últimos lançamentos em **www.editoracontexto.com.br**.

Antonio Ozório Nunes

COMO RESTAURAR A PAZ NAS ESCOLAS

UM GUIA PARA EDUCADORES

Copyright © 2011 Antonio Ozório Nunes

Todos os direitos desta edição reservados à
Editora Contexto (Editora Pinsky Ltda.)

Montagem de capa
Gustavo S. Vilas Boas

Diagramação
Ana Marconato

Preparação de texto
Lilian Aquino

Revisão
Rinaldo Milesi

Dados Internacionais de Catalogação na Publicação (CIP)
(Câmara Brasileira do Livro, SP, Brasil)

Nunes, Antonio Ozório
Como restaurar a paz nas escolas : um guia para educadores /
Antonio Ozório Nunes. – 1.ed., 2ª reimpressão. – São Paulo :
Contexto, 2023.

Bibliografia
ISBN 978-85-7244-641-9

1. Administração de conflitos 2. Adolescentes – Educação
3. *Bullying* 4. Conflito interpessoal 5. Crianças – Educação
6. Educadores – Formação profissional 7. Psicologia do
adolescente 8. Psicologia educacional 9. Psicologia infantil
10. Violência nas escolas I. Título.

11-02377	CDD-370.151

Índices para catálogo sistemático:
1. Adolescência na escola : Conflitos : Psicologia educacional 370.151
2. Crianças : Conflitos nas escolas : Psicologia educacional 370.151

2023

EDITORA CONTEXTO
Diretor editorial: *Jaime Pinsky*

Rua Dr. José Elias, 520 – Alto da Lapa
05083-030 – São Paulo – SP
PABX: (11) 3832 5838
contato@editoracontexto.com.br
www.editoracontexto.com.br

"Não é possível refazer este País, democratizá-lo, humanizá-lo, torná-lo sério, com adolescentes brincando de matar gente, ofendendo a vida, destruindo o sonho, inviabilizando o amor. Se a educação sozinha não transforma a sociedade, sem ela tampouco a sociedade muda." (Paulo Freire)

"Educação não transforma o mundo. Educação muda pessoas. Pessoas transformam o mundo." (Paulo Freire)

À minha esposa, Daniela,
e aos meus filhos, razões do meu viver.

Aos educadores, cujos trabalhos
são essenciais para a emancipação humana.

APRESENTAÇÃO

Depois de anos de palestras em escolas e de participação em eventos comunitários sobre conflitos e violências entre jovens, fiquei motivado a escrever para educadores a respeito de formas de prevenção da violência e uso de práticas restaurativas nas escolas.

Apesar de toda transformação gerada por um mundo globalizado e pela revolução tecnológica, ainda não conseguimos criar adequadamente uma cultura de paz. Vivenciamos um mundo carregado de conflitos interpessoais, nacionais e globais e, invariavelmente, esses conflitos transformam-se em violência. A escola não fica fora dessa realidade, e nesse cenário desafiador torna-se necessário desenvolver uma educação para a paz que transmita adequadamente preceitos fundamentais relacionados ao bom convívio escolar e social – que leve as crianças e os adolescentes a protagonizarem os valores éticos e as responsabilidades sociais – e ao aprendizado de habilidades que estimulem o diálogo, a cooperação e a solução pacífica dos conflitos.

O conflito faz parte da natureza humana e, por isso, os alunos precisam municiar-se de ferramentas, estratégias e habilidades que os levem a gerenciá-lo pacificamente e a vê-lo como oportunidade de mudanças e de crescimento. Ao aprender sobre o conflito, as crianças e os jovens aprendem mais sobre eles mesmos.

A abordagem da educação para a paz e das práticas restaurativas nas escolas é fundamental para uma formação mais cidadã das nossas crianças e jovens e, por isso, entendemos que, para além do tratamento transversal desses temas nos currículos escolares, necessitamos criar verdadeiras rotinas escolares que promovam o respeito ao próximo e a resolução pacífica dos conflitos. Quando se fala em paz nas escolas, fala-se em aprendizagem cooperativa, em educação multicultural, em redução de preconceitos e na criação de uma cultura de prevenção de violência.

A Unesco, que tem como missão principal a construção da paz e da segurança no mundo através da educação, da ciência e da cultura, há muito se preocupa com a educação para a paz. Para a consecução de seus objetivos, propõe uma educação que incentive os valores, as atitudes e os comportamentos para a paz; busca desenvolver atividades e projetos institucionais que promovam os valores da civilidade, da prática da não violência, do respeito ao próximo; sugere a implementação de meios pacíficos para a resolução dos conflitos escolares através do diálogo, da negociação, da construção do consenso, da não violência ativa; e busca consolidar estilos de vida e comportamentos que sejam de respeito ao próximo e de solidariedade.

A educação para a paz compõe o currículo escolar de muitos países, ainda que numa abordagem transversal, e muitos deles também adotam as práticas restaurativas nas escolas.

No Brasil, os Parâmetros Curriculares Nacionais (PCNs), cujas propostas norteiam a estrutura curricular do nosso sistema educacional, estimulam um roteiro de temas a serem trabalhados transversalmente aos conteúdos tradicionais, como meio ambiente, saúde e ética. Esses temas buscam desenvolver competências com os alunos que vão além dos conteúdos curriculares, proporcionando aptidões para compreenderem o mundo que os cerca e tornarem-se cidadãos cônscios de seus direitos e deveres.

Nessa linha, sensível às diretrizes da Unesco, o Brasil lançou, em 1º de julho de 1999, a Convocação Nacional pela Educação para a Paz e, de lá para cá, apesar do ceticismo de alguns, diversos projetos têm sido executados, nos mais variados níveis educacionais, para a implementação de uma cultura e de uma educação para a paz nas escolas. Também há alguns anos, vários órgãos de educação têm se preocupado em introduzir abordagens restaurativas nas escolas, e já temos muitas experiências iniciais positivas em vários municípios e estados brasileiros.

Entendemos que a busca de uma educação para a paz comporta duas vertentes principais: a) o aprendizado, de forma transversal ou não, da importância de valores como a cooperação, a solidariedade, a fraternidade, o uso da comunicação não violenta, entre outros; b) a implementação das práticas restaurativas nas unidades escolares, com vistas a criar um ambiente pacífico e restaurador, bem como possibilitar o gerenciamento positivo dos conflitos mais sérios e a restauração das relações.

Neste livro, procuramos, dentro do possível, conciliar duas formas de abordagens: a) a construção de rotinas escolares por meio de dinâmicas, posturas, reflexões e atitudes efetivas que ajudem na prevenção da indisciplina, do desrespeito ao outro e da violência, o que vamos denominar ao longo do trabalho de práticas restaurativas informais; b) se esses conflitos surgirem mais intensamente, o seu gerenciamento de forma positiva, por meio das reuniões restaurativas, que são as mediações ou os círculos restaurativos, através dos quais os atores escolares refletem e discutem sobre o que motivou o conflito e quais foram as consequências para as pessoas a ele ligadas.

As práticas restaurativas na escola ajudam a desenvolver um conjunto de valores e habilidades baseadas no respeito, na igualdade e na dignidade de todas as pessoas; criam estruturas adequadas para que todos analisem e compreendam as diferenças entre os indivíduos; ajudam a quebrar estereótipos e preconceitos; permitem às crianças

APRESENTAÇÃO

e aos jovens (re)descobrirem a autoestima e o valor que eles dão a si mesmos, a suas famílias e ao mundo. Essas práticas são importantes para que as crianças e os jovens aprendam a assumir a responsabilidade por seus comportamentos e por suas vidas; elas desenvolvem no indivíduo o pensamento crítico, as habilidades para solucionar problemas, a assertividade e a empatia pelos outros; ensinam as crianças e os jovens a lidarem pacificamente com os conflitos e, em suma, contribuem para a paz e a harmonia no ambiente escolar e na vida social.

No primeiro capítulo, abordo os principais problemas relacionados à convivência escolar, fazendo uma reflexão sobre os conflitos de forma geral, sobre a violência na escola, a indisciplina e o *bullying*. Em seguida, no segundo capítulo, faço considerações sobre os quatro pilares do conhecimento citados no "Relatório Delors": aprender a conhecer, aprender a fazer, aprender a viver juntos e aprender a ser; proponho aos educadores alguns recursos didáticos para uma maior harmonia na escola e para uma educação multicultural que incentive a redução de preconceitos e a prática do respeito. No terceiro capítulo, analiso, de forma geral, as práticas restaurativas no contexto escolar, traçando um quadro comparativo entre a forma tradicional e a restaurativa da visão da infração escolar. No quarto capítulo, fazemos a abordagem do nível primário de intervenção, com a implantação das práticas restaurativas informais, tratando especificamente da melhoria do ambiente escolar. No quinto capítulo, mantenho os comentários sobre as práticas restaurativas informais, tratando da comunicação não violenta e da construção do consenso direto, procurando levar instrumentos e ferramentas aos educadores para que possam capacitar os alunos para o diálogo e para a cooperação. No sexto capítulo, analiso as reuniões restaurativas e os seus valores essenciais, com ênfase na mediação de pares e dos "Círculos Restaurativos". No sétimo capítulo, faço uma análise ampla e prática sobre o funcionamento do "Círculo Restaurativo", tratando da sua organização e do seu procedimento. Concluo com alguns apensos de roteiros, de suportes para as reuniões restaurativas e de dicas práticas de atividades de reflexão.

Como a nossa proposta é direcionada estritamente aos profissionais da educação, prefiro utilizar a expressão "práticas restaurativas" em vez de "Justiça Restaurativa" que é conveniente quando há uma parceria entre a Justiça e a Escola na organização e no funcionamento dos círculos restaurativos. Como a nossa proposta é a de utilização das práticas restaurativas dentro das escolas, independente de quaisquer parcerias externas, entendemos que a primeira expressão é mais adequada.

O livro se destina aos educadores de forma geral e esperamos que seja útil a todas as pessoas envolvidas com a educação: monitores, professores comunitários, gestores, pedagogos e, sobretudo, professores. As linhas conceituais nele contidas servem para todos os níveis de ensino, e apenas algumas atividades práticas foram programadas visando mais aos adolescentes, podendo ser adaptadas para crianças conforme as necessidades.

O objetivo é orientar os profissionais de educação para o exercício de atividades em sala de aula ou em ambientes informais e habilitá-los para a aplicação das abordagens restaurativas. Acreditamos que muitas reflexões e atividades aqui contidas poderão ser úteis para evitar que os conflitos na escola se transformem em atos de violência; também cremos que muitas posturas e comportamentos rotineiros poderão levar a um ambiente escolar mais cooperativo e menos indisciplinado e, por fim, confiamos na resolução restaurativa dos conflitos, quando surgirem, possibilitando a recuperação da serenidade através da comunicação não violenta e do uso das reuniões restaurativas.

Esperamos que as reflexões aqui contidas possam contribuir para uma educação mais pacífica, voltada para os valores humanos essenciais, sempre buscando o crescimento e o amadurecimento da pessoa em todas as suas dimensões: material, intelectual, moral e espiritual, em prol da emancipação humana e da construção de uma cultura de paz.

SUMÁRIO

O CONFLITO ESCOLAR; A VIOLÊNCIA ESCOLAR;
A INDISCIPLINA E O *BULLYING*: A VIOLÊNCIA ENTRE OS PARES 15

    O conflito escolar 15

    Refletindo com os alunos sobre a violência escolar: quando o conflito gera a violência 19

        A necessidade do uso das práticas restaurativas 21

    A indisciplina escolar 23

    Bullying: a violência entre os pares 26

OS PILARES DA EDUCAÇÃO 31

    Os pilares da educação: além de aprender a "conhecer" e a "fazer",
        também aprender a "ser" e a "conviver" 31

    Aprender a ser 33

    Aprender a viver juntos, aprender a viver com os outros 37

        A importância da cooperação para a construção da autonomia 37

    Promover uma cultura de respeito 41

AS PRÁTICAS RESTAURATIVAS NO CONTEXTO ESCOLAR 45

    As práticas restaurativas e as regras escolares 47

    Mecanismos reguladores da convivência escolar e disciplina restaurativa 53

    A nossa proposta: partir deste *continuum* de intervenções e
        sugerir práticas restaurativas proativas 54

NÍVEL PRIMÁRIO DE INTERVENÇÃO: PRÁTICAS RESTAURATIVAS INFORMAIS 57

    Melhorar e construir um ambiente escolar pacífico 57

NÍVEL PRIMÁRIO DE INTERVENÇÃO:

OUTRAS PRÁTICAS RESTAURATIVAS INFORMAIS 71

    A importância da comunicação construtiva e restauradora –

        o uso cotidiano da comunicação não violenta entre todos na escola 71
    Treinar habilidades para a construção do consenso direto

        através do diálogo restaurativo: a negociação 77

AS REUNIÕES RESTAURATIVAS: A MEDIAÇÃO E OS CÍRCULOS RESTAURATIVOS 81

    Reuniões restaurativas: trabalhando valores essenciais 82

    Mediação escolar 84

    Mediação de pares 86

CÍRCULOS RESTAURATIVOS 91

    Como a escola pode organizar estas reuniões restaurativas? 92

        Pré-condições para o funcionamento dos círculos 92
        Quem pode ser coordenador das reuniões restaurativas

        (mediações e círculos restaurativos) 93

    Procedimento do "Círculo Restaurativo" 97

        Etapas do procedimento restaurativo 98

RESTAURAÇÕES 107

BIBLIOGRAFIA 109

APÊNDICES 113

    Apêndice A 115

    Apêndice B 121

    Apêndice C 123

    Apêndice D 124

    Apêndice E 125

    Apêndice F 126

    Apêndice G 128

    Apêndice H 134

O AUTOR 139

O CONFLITO ESCOLAR; A VIOLÊNCIA ESCOLAR; A INDISCIPLINA E O *BULLYING*: A VIOLÊNCIA ENTRE OS PARES.

O conflito escolar

Muitas são as definições para a palavra *conflito*, e ela sempre está ligada à ideia de desentendimento, choque, enfrentamento, crise, batalha, guerra, disputa e violência; ou seja, algo sempre indesejável e prejudicial. Pouco se fala do conflito como algo inerente à condição humana e como oportunidade para a construção do diálogo e da cooperação.

Ele pode significar perigo se o impasse permanece e a situação conflitiva continua, ele retira as energias individuais e potencializa-se, a ponto de transformar-se em atos de violência; ou pode significar oportunidade, se forem criadas novas opções e possibilidades para que os indivíduos solucionem problemas cotidianos.

O conflito faz parte das relações humanas e ocorre em nível intrapessoal e interpessoal. Como anota Chrispino (2007: 29), todos os que vivem em sociedade têm experiências de conflito e, desde a infância até a maturidade, convivem com o conflito intrapessoal (ir/não ir, fazer/não fazer, falar/não falar, comprar/não comprar, vender/não vender, casar/não casar etc.) ou interpessoal (brigas entre vizinhos, separação familiar, guerra, desentendimento entre alunos etc.).

Desde a sua origem, o homem tem vivido pequenos, médios e grandes conflitos, e eles são necessários ao aprimoramento das relações interpessoais e sociais. A simples convivência humana implica a pluralidade de interesses, necessidades e vontades, significando uma potencialidade constante para os conflitos. Por isso, quando eles surgirem, se forem gerenciados com eficiência, poderão levar à restauração das relações e à colaboração; ao contrário, poderão levar ao desajuste nas relações interpessoais e até mesmo à violência.

A escola é palco de uma diversidade de conflitos, entre os quais os de relacionamento, pois nela convivem pessoas de variadas idades, origens, sexos, etnias e condições socioeconômicas e culturais. Assim, todos na escola devem estar preparados para o enfrentamento da heterogeneidade, das diferenças e das tensões próprias do relacionamento escolar, que muitas vezes podem gerar dissenso, desarmonia e até desordem.

A escola deve dispor de instrumentos e recursos para dirimir os conflitos que surgem na convivência diária. Como ressalta Andrade (2007: 42), a escola

> é encarregada de formar valores e habilidades pró-sociais que motivem para a convivência, valendo-se, inclusive, dos conflitos gerados pelo encontro de diferenças, assim como, particularmente, de situações mais graves que ameaçam os vínculos grupais, como é o caso da violência.

Na escola, os conflitos surgem e se manifestam de diversas formas. Muitos deles compõem o cotidiano dos nossos alunos e se constituem em práticas saudáveis para o desenvolvimento humano, tais como os conflitos nas brincadeiras, nos jogos, nas práticas esportivas, entre outros. Por outro lado, muitos tomam rumos indesejados e transformam-se em agressividades, atos de indisciplina, indiferença, depredação do patrimônio escolar, atitudes de preconceitos e discriminação. Esses nos preocupam mais, e vários são os fatores que os desencadeiam entre os alunos na convivência escolar: a rivalidade entre grupos; as disputas de poder; as discriminações e as intolerâncias com as diferenças; a busca de afirmação pessoal; as resistências às regras; os desentendimentos e as brigas; o *bullying*; os conflitos de interesses; os namoros; as perdas ou danos de bens escolares; os assédios; o uso de espaços e bens; a falta de processos para a construção de consensos; as necessidades de mudanças; a busca por novas experiências; as reações a manifestações de injustiças, entre outras.

Maria Zenaide (2003: 90) ressalta que muitas vezes os conflitos escolares refletem:
- Disputas de poder (em função do lugar que se ocupa, do modo como se planeja e se decide os rumos da escola);
- Disputas de saber (de quem tem mais ou menos acesso ao saber e ao processo de conhecimento);
- Disputas por razões de raça e etnia (preconceitos e discriminações contra os diferentes, não reconhecimento do outro como sujeito de direitos iguais);
- Disputas de modo de ser e agir (busca ativa de experiências, necessidade de os jovens divergirem dos mais velhos ou de quem representa o poder como forma de afirmação ou conquista de espaços);
- Falta de respeito com as diferenças transformando as diferenças naturais, as disputas normais pelo exercício do poder em problemas, em deficiências e desigualdades;
- Relações injustas (privilégios de uns em detrimento de outros);
- Dificuldades para gerir a coisa pública de modo coletivo e não privado;
- Falta de diálogo e isolamento da escola diante da comunidade para quem trabalha.

O CONFLITO ESCOLAR; A VIOLÊNCIA ESCOLAR; A INDISCIPLINA E O *BULLYING*

Entretanto, até mesmo quando os conflitos tomam rumos indesejáveis, eles podem refletir aspectos positivos e são excelentes oportunidades de aprendizagem e de crescimento individual e coletivo; desde que devidamente bem compreendidos, elaborados e resolvidos, possibilitam uma melhoria na qualidade dos relacionamentos pessoais e sociais. Como ressalta Andrade (2007: 41), é possível reconhecer uma dupla potencialidade do conflito, pois ele pode acentuar desacordos e soluções não consensuais – como a violência –, como pode também ser um momento para o fortalecimento dos vínculos sociais, caso existam meios garantidores de uma resolução pacífica, entre os quais se inclui a recusa da violência.

Por isso, sugerimos a implementação das práticas restaurativas na escola. Precisamos ensinar às nossas crianças e aos nossos jovens, desde cedo, que é normal enfrentarmos conflitos, pequenos ou grandes, ao longo da vida, e que isso não é negativo, pois os conflitos são inerentes à pessoa humana. Negativo é não saber administrá-los de forma a manter o equilíbrio nas relações humanas e sociais, permitindo que eles tenham consequências indesejáveis, como desmotivação para os estudos e prejuízo para as relações interpessoais. Portanto, é a boa ou a má administração que levará o conflito a um desfecho positivo ou negativo para a situação. Um bom exemplo de administração pacífica de conflito e de disputa ocorre nas práticas esportivas, nas quais os participantes sempre exercem o diálogo e o autocontrole.

As crianças e os jovens devem aprender que, diante de uma disputa, de uma desavença ou de um conflito mais sério, as pessoas devem conversar e perceber que ninguém se beneficiará com a ampliação do desentendimento. Também precisam entender que, quando as pessoas não conseguem dialogar e chegar a um acordo, é plenamente possível e viável que uma terceira pessoa interceda para ajudá-los a solucionar a pendência, como veremos nos próximos capítulos.

A boa administração de um conflito mais sério através das práticas restaurativas é um fator positivo, que poderá esclarecer os fatos pendentes, dirimir dificuldades, melhorar a convivência e permitir uma transformação interior que trará melhoria no relacionamento entre as partes e em outros relacionamentos futuros.

Os conflitos, portanto, acabam possibilitando caminhos alternativos à violência, pois permitem meios de resolução que podem levar a um convívio mais saudável, facilitador de uma melhor aprendizagem, e a uma melhor estruturação das relações sociais. Como anota Andrade (2007: 43), "quanto mais houver conflitos devidamente elaborados com a ajuda dos educadores e educadoras, menos violência nas escolas haverá", pois, para ele, a violência é uma possibilidade e não uma necessidade, e a continuidade entre conflitos e violência somente se verifica em situações nas quais o conflito é mal gerido.

Quando começamos a trabalhar os conflitos através das práticas restaurativas, passamos a vê-los como fatos inerentes à vida social, dos quais podemos extrair muitos aspectos positivos, tais como a melhoria nas relações sociais e institucionais, o aprendizado de que na vida social é importante expressarmos as diversidades e divergências, a melhoria nos relacionamentos e no respeito pelas diferenças, um maior estímulo à autocompreensão, o aperfeiçoamento da capacidade de tomar decisões, o estímulo ao pensamento crítico e criativo, o incentivo ao enfrentamento de problemas e situações, entre outros.

Assim, as práticas restaurativas (a comunicação não violenta, o diálogo restaurativo, a mediação, os círculos restaurativos, entre outras) devem ser incentivadas desde cedo nas escolas. É preciso introduzi-las como valores e como filosofia de trabalho e, a partir de então, resolver os conflitos pacificamente, sejam eles pequenos ou grandes.

Atividades práticas para reflexão

Atividade 1: Troca de experiências sobre o que é um conflito

Objetivos: com base em experiências e percepções pessoais, os alunos desenvolverão uma definição de conflito, podendo comparar diversos tipos de conflitos interpessoais e concluir que alguns conflitos são piores do que outros.

Analisar as causas do conflito, e como a família, a escola e a comunidade podem fazer para trabalhá-los de forma positiva e adequada.

Melhorar a habilidade dos alunos para a comunicação interpessoal.

Duração: a critério de cada educador.

Fase 1: Passar as seguintes questões para a turma, para que respondam individualmente, em dez minutos:

1) O que é um conflito? Descreva uma situação de conflito que você teve com alguém no passado ou nesta semana. O que você fez? Como o conflito foi resolvido? Ter solucionado o conflito fez você se sentir bem (ou, não ter solucionado o conflito fez você se sentir mal)?

2) O conflito fez você ficar irritado e frustrado? Esses sentimentos foram ruins? Você aprendeu alguma coisa com o caso? O quê?

3) Para resolver conflitos, as pessoas precisam ser capazes de falar e escutar uns aos outros. Por que você acha que isso é importante? Por que é importante falar com os outros sobre seus sentimentos e não mantê-los guardados lá dentro?

Fase 2: Os alunos formam duplas. O educador deve estimulá-los para que, em mais ou menos dez minutos, discutam as respectivas respostas entre si.

Fase 3: Em grupos maiores, de cinco ou seis alunos, o educador pedirá para que façam uma lista de motivos pelos quais os conflitos que eles tiveram resultaram em aspectos positivos, ou seja, deles tiraram boas lições. Cada aluno deve ficar responsável por comentar pelo menos um motivo escolhido pelo grupo.

Fase 4: Num grupo geral em formato de "U" e com o educador sentado no espaço livre, pedir para que cada aluno comente um motivo escolhido pelo grupo e, se possível, faça comentários sobre as razões que os levaram a concluir por tal ou qual motivo.

Ao final, o educador pode colocar num mural as conclusões de todos os alunos, sobre as lições que aprenderam com os conflitos.

Atividade 2: Dinâmica Troca de Palavras (atividade adaptada da *Revista Jogos Cooperativos*, 2 set. 2001: 13)

Objetivos:

1) pensar, juntos, sobre a importância das formas pacíficas de resolução de conflitos;
2) refletir sobre a cooperação intra e intergrupal;
3) trabalhar os seguintes valores humanos: respeito para com a opinião do outro; boa comunicação para a resolução dos conflitos; flexibilidade e abertura para ouvir o outro e entendê-lo; ética para encontrar a solução melhor para o grupo e não somente para si.

Número de participantes: cinco ou seis por grupo.

Duração: vinte minutos para a etapa dentro dos grupos e mais vinte minutos para os relatos e debates.

Procedimento: preparar tiras de papel previamente com palavras-solução relacionadas à convivência social (por exemplo, solidariedade, paz, saúde, amizade, afeto, calor humano, bondade etc.). Outras tiras com palavras-problema sobre convivência social (violência, indisciplina, briga, doença, miséria, poluição, bomba atômica, armamento etc.). Essas palavras são criadas pelo educador.

Os participantes são divididos em grupos e recebem as palavras-problema, que serão distribuídas até que todas acabem. Em seguida, da mesma maneira, os grupos recebem as palavras-solução. O objetivo é que cada grupo disponha as palavras-problema em ordem de prioridade a serem solucionadas. Depois, cada grupo usará as palavras-solução correlacionadas e promoverá uma discussão sobre os assuntos apresentados. Em seguida, o grupo escolherá um relator que comentará a experiência. Há possibilidade de os grupos trocarem palavras-solução para melhor adequação e resolução dos problemas.

Dicas: este é um jogo de reflexão que pode ter inúmeras variantes de acordo com o grupo. Para grupos em que haja conflitos, por exemplo, o facilitador pode dispor de palavras-problema específicas, de maneira que possa proporcionar a discussão desses conflitos e de suas causas.

Outra possibilidade, em se tratando de um jogo cooperativo, é a troca de palavras ou mesmo de participantes que funcionarão como conciliadores, podendo experimentar uma outra situação. O importante é o exercício da discussão, da reflexão e da cooperação para a solução de conflitos.

Refletindo com os alunos sobre a violência escolar: quando o conflito gera a violência

A violência é todo ato voluntário gerador de um dano, físico ou psíquico, a outra pessoa. Para a Organização Mundial de Saúde, a violência é a imposição de um grau significativo de dor e sofrimento evitáveis (oms, 2002). Abramovay (2003: 91) utiliza-se de duas definições para violência:

> i) Intervenção física de um indivíduo ou grupo contra a integridade de outro(s) ou de grupo(s) e também contra si mesmo, abrangendo desde os suicídios, espancamentos de vários tipos, roubos, assaltos e homicídios até a violência no trânsito, disfarçada sob a denominação de "acidentes", além das diversas formas de agressão sexual.
> ii) Formas de violência simbólica (abuso do poder baseado no consentimento que se estabelece e se impõe mediante o uso de símbolos de autoridade); verbal; institucional (marginalização, discriminação e práticas de assujeitamento utilizadas por instituições diversas que instrumentalizam estratégias de poder).

As causas remotas e próximas da violência em nossa sociedade são complexas, num mundo contemporâneo igualmente complexo. No Brasil, várias dessas causas poderiam ser citadas, tais como, a exclusão e a desigualdade social; o consumismo e o individualismo; as intolerâncias para com as diferenças; o aumento do crime organizado; a grande incidência de corrupção nos órgãos governamentais; a banalização da violência pela mídia, entre outras. Elencar exaustivamente todos os motivos desencadeantes da violência é tarefa difícil, senão impossível, pois a análise passa por várias abordagens, dentre outras, culturais, econômicas, políticas e sociais.

É certo, entretanto, que essa violência social acaba refletindo diretamente na família e na escola. Além disso, a escola também possui causas internas, pedagógicas e administrativas que podem ser geradoras de violência. Para se ter uma ideia, uma ampla pesquisa sobre *bullying* realizada pelo Centro de Empreendedorismo Social e Administração em Terceiro Setor (CEATS) demonstrou que a violência no ambiente escolar está muito presente em nossa realidade. Segundo a pesquisa há um "clima generalizado de violência no ambiente escolar, considerando-se que 70% da amostra de estudantes responderam ter presenciado cenas de agressões entre colegas durante o ano letivo de 2009, enquanto 30% deles declararam ter vivenciado ao menos uma situação violenta no mesmo período" (CEATS/FIA, 2010: 20). Entender e trabalhar essas causas externas e internas da violência pode ajudar na busca de alternativas e caminhos para o enfrentamento do problema, pois a escola tem um relevante papel transformador na sociedade.

O ambiente escolar reflete, de certa forma, o ambiente social, e a violência escolar se manifesta das mais diversas formas, tais como agressões (física, psicológica e sexual); ameaças de grupos e de gangues; ataques contra o patrimônio público e privado, destacando-se as pichações, as bombas, os arrombamentos e as depredações; furtos e roubos contra o patrimônio alheio; uso e tráfico de drogas, entre outras.

Como a escola pode enfrentar o problema da violência no ambiente escolar? A violência nas escolas é caso de polícia ou questão pedagógica?

O medo e a insegurança têm levado as escolas a buscar maior rigor nas penalidades e apoio da polícia. Entretanto, embora muitas vezes necessárias, essas respostas não surtem efeitos a médio e a longo prazo porque enfrentam o problema superficialmente, não levando em conta de onde a violência surge. Além disso, as formas repressivas de enfrentar a violência nas escolas há muito têm fracassado.

Se por um lado, para combater ou prevenir a violência social, necessitamos de diversas políticas públicas e de mudanças sociais que não pertencem ao âmbito escolar, por outro, para combater a violência escolar, a própria escola pode e deve dar as respostas possíveis. Em primeiro lugar, é preciso que o educador reflita se a escola também produz violência ou se ele permite que a escola seja um local gerador de atos violentos; depois, é preciso saber enfrentar a violência e os conflitos através de ações diversas, principalmente de práticas restaurativas, que há muito têm sido incentivadas por vários países e por organismos internacionais.

Com efeito, para obter uma cultura de paz, de prevenção e de enfrentamento à violência, a escola precisa se autoavaliar e buscar um perfil ideal, que a nosso ver passa pelo preenchimento dos seguintes requisitos: necessita ser democrática, inclusiva e acolhedora para todos: pobres, negros, minorias, portadores de necessidades especiais; precisa criar vínculos entre os alunos e fortalecer os sentimentos de conexão e pertencimento; deve adotar medidas que combatam a estigmatização e a discriminação entre os alunos; precisa ter regulamentos democráticos, feitos coletivamente, com a participação e concordância de todos; deve possuir currículos contextualizados e sistemas de avaliação adequados à realidade onde está inserida; necessita ter atividades pedagógicas motivadoras; precisa ensinar princípios e valores morais para uma boa convivência; deve ter instrumentos eficazes de combate à evasão escolar; precisa estimular a cooperação e a socialização de crianças e jovens através de atividades, informais ou não, dentro do seu espaço, como brincadeiras e jogos; necessita ter canais que estimulem a participação de todos; e deve levar a uma constante reflexão, pois os atores escolares devem conhecer os fatores externos e internos que são geradores de violência.

Além de todos esses enfrentamentos, os educadores, os gestores e as lideranças escolares devem possuir competências e habilidades para prevenir e gerenciar conflitos mais graves através de práticas construtivas e restaurativas, privilegiando os princípios que norteiam as formas pacíficas de prevenção e resolução de conflitos, como: a horizontalidade nas relações, o respeito mútuo, a opção pelo diálogo e, sobretudo, a prática das reuniões restaurativas em suas escolas.

A necessidade do uso das práticas restaurativas

A violência é uma resposta a um conflito. Quando uma pessoa não lida com o conflito ou reage a ele com violência, ela não está solucionando o problema; ao contrário, apelar para a violência significa piorar a situação. Quando o motivo que levou ao conflito não é visto ou enfrentado e, portanto, não é solucionado, as relações ficam comprometidas, e as pessoas ficam desconectadas.

> Segundo Zenaide (2003: 91), um conflito mal gerenciado pode resultar em violência quando leva a:
> - produção de preconceitos, discriminação e exclusão do outro;
> - agressões físicas contra outro;
> - produção de danos morais no outro;
> - uso da força de modo ilegal;
> - destruição do outro como pessoa, como cidadão;
> - negação dos direitos de cidadania do outro;
> - intenção de destruição, de coação e negação do outro;
> - processos de exclusão.

Por isso, dentro de uma cultura de práticas restaurativas e de paz, é preciso, em primeiro lugar, reconhecer o conflito, pois esse é o primeiro passo para que possamos ouvir o outro lado e começar um diálogo com respeito e igualdade. O enfrentamento do conflito pela forma repressiva é substituído por forma não violenta de resolução através das práticas restaurativas, que acabam se transformando em ações pedagógicas, como realmente deve ser feito na escola, que é um local de socialização e de aprendizado de uma cultura da paz. Toda escola precisa dar condições para a discussão dos valores que levam à conscientização e à autorreflexão crítica. A busca da paz constante não quer dizer que não teremos conflitos na escola. Eles continuarão a existir, porque fazem parte da condição humana, mas coexistirão dentro de uma perspectiva de paz.

Assim, a escola pode ajudar promovendo uma educação que valorize as relações humanas e sociais e tenha como exercício cotidiano a busca da solidariedade, da amizade, da cooperação, da construção da paz, do respeito, da ética e dos valores fundamentais da pessoa humana, como procuraremos abordar nos próximos capítulos. O processo é desafiador, mas ao mesmo tempo é gratificante. Não podemos esquecer que a escola é também fundamental para a construção do juízo moral dos alunos e é formadora de conhecimentos, valores, atitudes e hábitos. Esse é o desafio! Como disse o poeta americano Archibald McLeish, cuja citação se encontra no Preâmbulo do Tratado Constitutivo da Unesco (1945): "Nascendo as guerras no espírito dos homens, é no espírito dos homens que devem ser construídas as defesas da paz!".

Atividades práticas para reflexão

Atividade 1: Pesquisa – O Termômetro da violência (Ednír, 2007: 54)

Trata-se de um questionário a ser preenchido pelos alunos e pela equipe escolar para se medir quais as formas de violência existentes na escola. O questionário deve ser aplicado em uma ou mais classes, com tabulação dos resultados, que poderão ser utilizados para avaliação e elaboração de programas preventivos. Deve ser repetido periodicamente para verificação de melhorias ou não do ambiente escolar.

Como você se sentiu na escola e na comunidade este mês?

Eu me senti:

Na sala de aula:
Seguro ( ) Não muito seguro ( ) Inseguro ( ) Muito inseguro ( )

Na escola:
Seguro ( ) Não muito seguro ( ) Inseguro ( ) Muito inseguro ( )

Nos arredores da escola:
Seguro ( ) Não muito seguro ( ) Inseguro ( ) Muito inseguro ( )

Entre a escola e a casa e vice versa:
Seguro ( ) Não muito seguro ( ) Inseguro ( ) Muito inseguro ( )

Este mês:

Mexeram comigo e ou me intimidaram:
Nunca ( ) Algumas vezes ( ) Muitas vezes ( ) O tempo todo ( )

Me xingaram e ou ameaçaram:
Nunca ( ) Algumas vezes ( ) Muitas vezes ( ) O tempo todo ( )

Fiquei com medo de certos alunos:
Nunca ( ) Algumas vezes ( ) Muitas vezes ( ) O tempo todo ( )

Algo meu foi roubado:
Nunca ( ) Algumas vezes ( ) Muitas vezes ( ) O tempo todo ( )

Eu estive envolvido em briga e ou violência física:
Nunca ( ) Algumas vezes ( ) Muitas vezes ( ) O tempo todo ( )

Eu conversei sobre essas coisas com a seguinte pessoa na escola:

_____.

E isso:
Ajudou ( ) Não ajudou ( )

Atividade 2: Violências gerando notícias (adaptado de Drew, 1990)

Objetivo: fazer uma "tempestade cerebral" visando produzir ideias e discussão de soluções para as diversas formas de violência, apresentadas nos artigos trazidos pelos alunos. Busca-se vencer barreiras que nos impedem de enxergar soluções para os problemas apresentados e visa criar um clima de otimismo no grupo, mostrando que podem existir soluções para os problemas.

Material: solicitar aos alunos que tragam um artigo ou notícia atual, de jornal ou revista, sobre qualquer tipo de violência (física, sexual, psicológica etc.) e em qualquer nível (pessoal, local, mundial).

Duração: a critério de cada educador.

Fase 1: Com os artigos em mãos, sentar-se em círculo com os alunos, num clima descontraído de esportividade e espontaneidade. Em seguida, se houver tempo suficiente, pedir a cada um que, rapidamente, comente sobre o material que trouxe e identifique a violência ali apresentada; se não houver tempo, escolher alguns alunos para que relatem sobre os materiais que trouxeram.

Após a explicação dos alunos, o educador deve escolher um artigo ou notícia no qual possa concentrar as suas atenções, podendo ser aquele mais significativo ou mais atual. O educador deve ler ou comentar o artigo com a classe. Depois, deve escrever no quadro uma frase que definirá a violência apresentada (por exemplo, "o fato apresentado refere-se a uma violência doméstica" ou "o fato apresentado refere-se à agressão de um aluno contra o professor").

Fase 2: Divida a classe em grupos de mais ou menos seis alunos para que encontrem a solução do problema ou uma forma de preveni-lo. Cada grupo deverá escolher um colega para a anotação das sugestões em uma cartolina ou "flip chart" (quadro). Peça-lhes para que se empenhem na atividade de *brainstorm* (tempestade cerebral) buscando soluções ousadas, criativas, devendo escolher uma ou duas soluções (ou talvez a combinação de várias), e explique que é no processo criativo que se revelam novas ideias. Para tanto, o educador deve suspender críticas, julgamentos, explicações, permitindo somente a colocação de ideias.

O educador deve levar todos a romperem com a autocensura, expondo tudo que lhes vier à mente, sem pré-julgamentos. Deve pedir que os alunos emitam ideias em frases breves e simples.

Dica: é interessante que se dê entre cinco a dez minutos, delimitando um número mínimo de sugestões. Em seguida, o educador deverá pedir aos líderes de cada grupo para que apresentem a solução encontrada e comentem como o processo de solução de problemas foi discutido.

Fase 3: O educador deverá escrever no quadro a solução apresentada por cada grupo e os alunos deverão votar naquela solução que será considerada e, se for o caso, adotada pela classe.

Em seguida, o educador deverá mostrar para a classe que as ideias dos alunos são muito importantes e que eles podem ter respostas para vários problemas envolvendo a violência.

A indisciplina escolar

A indisciplina é aqui abordada no sentido de desrespeito ao outro, portanto, como uma questão moral. Nesse sentido, ela reflete um comportamento inadequado, violador de princípios e regras de boa convivência oriundas da família, da escola ou da sociedade.

Como lidar com as crianças e adolescentes indisciplinados, que descumprem o regulamento, brigam com os colegas, tumultuam as aulas e atrapalham a ordem escolar? Essa pergunta é recorrente em quase todas as unidades escolares e, se perguntarmos para os professores, as primeiras respostas que possivelmente virão serão as seguintes: a) a culpa é da família e dos pais, que não educam e nem corrigem os seus filhos; b) a culpa é da legislação escolar, que é muito liberal; bom mesmo era antigamente, quando a disciplina se resolvia com base em uma legislação forte e, se preciso, através da força; c) a culpa é do Estatuto da Criança e do Adolescente, que é uma legislação muito liberal.

Depois da resposta inicial, numa reflexão mais contida sobre a indisciplina escolar, outras respostas poderiam ser dadas pelos educadores: a) a questão da indisciplina é complexa porque ela é o reflexo da família, da sociedade e da própria escola; b) muitas vezes a escola possui estruturas e práticas pedagógicas que não atendem às perspectivas das crianças e jovens, dificultando aos educadores a transmissão de conhecimentos; c) atualmente a sociabilização das crianças e dos jovens depende mais da escola ou de ambientes institucionais do que de espaços informais, como as brincadeiras nos quintais ou nas ruas, onde eles desenvolviam, por si sós, ótimas relações de cooperação, aprendiam a resolver conflitos interpessoais e a respeitar o próximo; d) frequentemente, a escola não tem importância para o aluno e por isso muitas vezes está fora de sua realidade e dos seus anseios como criança e adolescente; ao se tornar desinteressante, a escola gera apatia, indisciplina e violência.

Aí surge outra questão: se a indisciplina é um problema da família, da sociedade e da própria escola, como melhorar a convivência escolar, combatendo a indisciplina e a violência na escola?

Como o problema gerador de indisciplina também é multicausal e complexo, as respostas também não são simples. Podemos começar com mudanças de atitudes na rotina da escola, tentando melhorar a convivência no ambiente escolar. A criação de regras comuns com a participação de todos, sob a coordenação do educador ou de outros responsáveis pela escola, é um bom caminho, pois democratiza a convivência e confere princípios e significados às regras, tornando-as mais justas e, portanto, mais passíveis de serem cumpridas.

Outro grande desafio dos educadores é trabalhar a motivação dos alunos, tarefa bem difícil nos dias atuais, embora não impossível, que exige muita sensibilidade e empenho. Além disso, é importante que o aluno seja o protagonista e participe das atividades escolares mais intensamente. O estudante precisa saber que o que ele faz é valorizado pela escola e pelos professores, isso é necessário para a melhoria de sua autoestima e para o senso de pertencimento. Portanto, tirando os casos mais difíceis, trabalhar com a autoestima da criança e do adolescente será um grande passo para o sucesso no combate à indisciplina.

Depois, sugerimos, como medida extremamente eficaz, a prática dos encontros e trabalhos em círculos na escola, seja para as atividades pedagógicas, seja para restaurar as relações. Os círculos, aliados às abordagens restaurativas em geral, como veremos ao longo deste livro, são meios simples e eficientes para a melhoria do ambiente escolar.

Atividades práticas para reflexão

Atividade 1: O vocabulário da indisciplina

Duração: a critério de cada educador.

Fase 1: O educador deverá dividir a classe em grupos de cinco ou seis pessoas. Em seguida, pedir que elaborem um vocabulário sobre a indisciplina, no sentido de desrespeito ao próximo e às regras. Deverão ser utilizadas palavras ou expressões que retratem o que é, como é, quais são os atos de indisciplina praticados na escola, na sociedade etc.

Fase 2: O educador deverá relacionar num quadro as palavras e expressões levantadas pelos alunos, por exemplo: desrespeito, agressão, ironia, provocação, bagunça, gargalhadas, jogar aviãozinho, jogar lixo no chão, cruzar o sinal vermelho, furar filas, dirigir em alta velocidade, não dar lugar para os mais velhos, pichações etc.

Depois, com a ajuda dos alunos, traçará um significado para cada palavra ou expressão, buscando levantar exemplos práticos conhecidos por eles.

Fase 3: Fazer o contrário com os alunos: preparar com eles um vocabulário sobre disciplina, usando a mesma ideia e também relacionando os termos.

Atividade 2: Discussão livre: a importância da escola

A discussão livre é uma técnica interessante para o aprofundamento do estudo de um tema. O educador deverá montar um grupo único, em círculo, ou em dois círculos, com um dentro do outro, e iniciar uma discussão livre com os alunos sobre o texto abaixo.

A discussão com os alunos é sobre a importância da escola em suas vidas. Usar, como material de apoio, previamente escrito num cartaz, o texto abaixo, do educador Paulo Freire, sobre a escola.

A escola

Escola é...
o lugar onde se faz amigos,
não se trata só de prédios, salas, quadros,
programas, horários, conceitos...
Escola é, sobretudo, gente,
gente que trabalha, que estuda,
que se alegra, se conhece, se estima.
O diretor é gente,
O coordenador é gente, o professor é gente,
o aluno é gente,
cada funcionário é gente.
E a escola será cada vez melhor
na medida em que cada um
se comporte como colega, amigo, irmão.
Nada de "ilha cercada de gente por todos os lados".
Nada de conviver com as pessoas e depois descobrir
que não tem amizade a ninguém,
nada de ser como o tijolo que forma a parede,
indiferente, frio, só.
Importante na escola não é só estudar, não é só trabalhar,
é também criar laços de amizade,
é criar ambiente de camaradagem,
é conviver, é se "amarrar nela"!
Ora, é lógico...
numa escola assim vai ser fácil
estudar, trabalhar, crescer,
fazer amigos, educar-se,
ser feliz.

Bullying: a violência entre os pares

A expressão *bullying* (do verbo inglês "*bully*", que significa maltratar, intimidar) reflete "um comportamento cruel intrínseco nas relações interpessoais, em que os mais fortes convertem os mais frágeis em objetos de diversão e prazer, através de 'brincadeiras' que disfarçam o propósito de maltratar e intimidar" (Fante, 2005: 29).

O *bullying* é um problema mundial, existente em todas as sociedades, e ocorre nos lugares onde existem relações interpessoais, tais como escolas, clubes, prisões, Forças Armadas, entre outros. O problema é antigo, mas somente de umas décadas para cá tem chamado a atenção dos estudiosos.

O fenômeno surge através de atitudes agressivas, intencionais e repetitivas, praticadas contra outros alunos através de insultos, intimidações, apelidos ofensivos, acusações injustas e gozações que geram dor, angústia e sofrimento. Manifestados sob a forma de brincadeiras, os danos que o *bullying* causam às vítimas podem ser físicos, materiais e psicológicos, trazendo sérias consequências ao bom convívio escolar e social.

No dia a dia, observamos que os xingamentos são as formas mais comuns desse fenômeno. Depois, temos as agressões físicas, os gestos ofensivos, a exclusão da criança e do adolescente do grupo de amizades e a disseminação de boatos, hoje potencializados com as redes de relacionamentos pela internet e com as mensagens eletrônicas (*cyberbullying*).

O *bullying* reflete um sistemático abuso de poder de umas pessoas sobre as outras e tem como consequência uma vitimização repetida ao longo do tempo, sempre com muita dificuldade de defesa. Essas agressões geram um elevado nível de tensão nas crianças e nos jovens e causam baixa autoestima nas vítimas.

Estudos apontam que o *bullying* é hoje o tipo mais comum de violência nas escolas. A pesquisa realizada pelo Centro de Empreendedorismo Social e Administração em Terceiro Setor, já mencionada, concluiu que 70% dos alunos do país já viram algum colega ser maltratado pelo menos uma vez na escola. Na região Sudeste, o índice chega a 81%. A pesquisa revelou também que há um despreparo das instituições de ensino e dos professores diante dessa violência (CEATS/FIA, 2010).

Em razão de não haver uma palavra na língua portuguesa adequada para expressar todas as formas de *bullying*, apresentamos a seguir uma lista de palavras que podem expressar o fenômeno: agredir, ameaçar, apelidar, bater, agarrar, beijar a força, brigar na escola, praticar racismo, dar em cima do namorado do outro como forma de agredir, desrespeitar, difamar (falar mal da vítima, escrever fofocas, espalhar boatos), molestar e difamar pela internet (*cyberbullying*), discriminar, empurrar, esnobar, excluir, magoar emocionalmente, ferir fisicamente, furtar, gozar, humilhar, implicar, isolar (não querer ficar perto da vítima, evitar fazer trabalho em grupo com a vítima, não querer falar com a vítima, rejeitar a vítima, não permitir que a vítima faça ou tenha amizades), magoar, maltratar, manifestar preconceito, ofender, oprimir, perseguir, quebrar pertences, rir, sacanear, xingar, zombar ou caçoar, entre outras.

Chama a atenção o crescente uso de tecnologias da informação e da comunicação para a prática dos maus-tratos, denominado *cyberbullying*. Hoje, é um fenômeno comum o uso de mensagens difamatórias através de celulares, e-mails e sites de relacionamento. Muitas vezes essas ofensas são feitas de forma anônima. As ofensas feitas pelo *cyberbullying* frequentemente são mais nefastas para as vítimas do que aquelas feitas pessoalmente, porque nem sempre o ofensor é conhecido.

Dentre os papéis representados pelos alunos, temos aqueles que só sofrem o *bullying* (alvos), aqueles que ora sofrem e ora praticam *bullying* (alvos/autores), aqueles que somente praticam *bullying* (autores) e aqueles que não sofrem e nem praticam *bullying*, mas convivem num ambiente no qual o fenômeno ocorre (testemunhas). Outro dado interessante coletado pela pesquisa feita sobre o *bullying* (*Bullying* Escolar no Brasil – Sumário Executivo – São Paulo: CEATS/FIA, 2010: 22) concluiu que as vítimas dessa prática são sempre pessoas que:

> [...] apresentam alguma diferença em relação aos demais colegas, como um traço físico marcante, algum tipo de necessidade especial, o uso de vestimentas consideradas diferentes, a posse de objetos ou o consumo de bens indicativos de *status* socioeconômico superior ao dos demais alunos. Elas são vistas pelo conjunto de respondentes como pessoas tímidas, inseguras e passivas, o que faz com que os agressores as considerem merecedoras das agressões dado seu comportamento frágil e inibido.

Alguns sintomas são bastante indicativos de que a criança ou adolescente está sendo vítima de *bullying*, por exemplo: arruma desculpas para faltar às aulas; pede com frequência para mudar de sala ou de escola; apresenta desmotivação para os estudos, queda do rendimento escolar ou dificuldades de concentração e de aprendizagem; mostra-se frequentemente com aspecto contrariado, deprimido ou aflito; apresenta dificuldades de relacionamento com os colegas; tem mudança repentina de comportamento, apresentando isolamento ou agressividade (Fante, 2005: 75-9).

O *bullying* pode, ao longo do tempo, causar graves danos e levar a interferências prejudiciais no processo de desenvolvimento cognitivo, emocional, sensorial, social e educacional das vítimas. Muitas vezes, quando os ataques são crônicos, como forma de defesa, as vítimas podem se tornar agressoras, causando até mesmo tragédias como a de Columbine, nos EUA, em 1999, quando dois adolescentes, vítimas de *bullying*, portando armamento pesado, entraram na escola Columbine, na qual estudavam, e deram início a um massacre que entrou para a História do país. Durante cinco horas, Eric Harris (17) e Dylan Klebold (18) aterrorizaram a escola situada em Littleton, um subúrbio classe média de Denver. Munidos de carabinas, rifles, pistolas automáticas e bombas caseiras, eles feriram gravemente 23 pessoas e mataram outras 13. Logo depois, ambos cometeram suicídio.

Estudos mostram que tanto autores como vítimas podem levar as consequências do *bullying* para o resto de suas vidas: estas carregando os traumas pela violência sofrida; aquelas perpetuando as ações em outros contextos, como nas relações familiares e em locais de trabalho.

A mesma pesquisa já referida concluiu que professores e gestores das escolas reconhecem deficiências do sistema escolar como possíveis determinantes da violência entre alunos (CEATS/FIA, 2010: 3). Na opinião desses profissionais, os fatores intrínsecos à estrutura escolar/educacional que podem ter relação com o surgimento de comportamentos violentos são:

> i) número excessivo de alunos em sala de aula, ii) dificuldades da escola em lidar com problemas da família do aluno, iii) falta de preparação e habilidade de professores para educar sem uso de coerção e agressão, iv) estrutura física inadequada e v) falta de espaços para que os alunos expressem suas emoções e dificuldades pessoais.

Embora o desafio seja muito grande, a escola e a sociedade precisam agir com urgência para enfrentar o problema. Como a escola pode realizar ações para prevenir o *bullying*? A escola deverá desenvolver programas preventivos que envolvam todos os atores escolares e a comunidade. Esses programas preventivos, realizados através de encontros, palestras, semana de prevenção, entre outros, devem focar a conscientização de todos sobre os malefícios do *bullying*.

Num segundo momento, a escola deve realizar atividades internas *antibullying*, tais como combater estereótipos; ensinar os alunos a conviver com as diferenças e respeitá-las; desenvolver atividades solidárias e jogos cooperativos nas áreas esportivas e culturais, objetivando criar uma melhor integração e uma cultura de respeito pelo próximo; realizar atividades que trabalhem os sentimentos dos alunos, auxiliando a melhoria da saúde emocional de todos, e desenvolver uma cultura de paz e educação em valores humanos, trabalhando, sobretudo, os conceitos de alteridade, amizade, civilidade, diálogo e solidariedade.

As crianças e os adolescentes precisam aprender que a violência não pode pautar as relações humanas e não deve ser usada para solucionar conflitos. Devem aprender que as brincadeiras e as "zoadas" fazem parte da vida escolar e social, mas elas não devem levar a comportamentos agressivos que sejam repetitivos e que magoem o colega. Por isso, devem encontrar o equilíbrio nas relações, para que aprendam a conviver num ambiente mais fraternal e para que todos possam ter uma ideia mais positiva do futuro.

Como veremos mais detalhadamente ao final, as práticas restaurativas são extremamente eficazes para prevenir e responder ao fenômeno. As atividades restaurativas previnem porque permitem o senso de comunidade na escola, com ênfase nos trabalhos em duplas ou em grupos, em quaisquer disciplinas, visando desenvolver o senso de pertencimento e conexão, de respeito ao próximo, entre outros valores. Além disso, as atividades restaurativas respondem ao fenômeno através das reuniões restaurativas com os envolvidos e com os respectivos pais (ou responsáveis). Numa reunião restaurativa, a pessoa que pratica *bullying* terá uma experiência muito forte e desconfortável ao ouvir os relatos da vítima e de seus pais sobre os seus atos, passando a ter, ao final do encontro, uma forte sensação de remorso e de vergonha. A partir daí, o que a vítima precisará é que o ofensor pare com as ofensas, chegando a um acordo nesse sentido. A reunião ajudará a todos os envolvidos.

Observamos que existem alguns profissionais que não recomendam reunir ofensor e vítima de *bullying*. Recomendam mantê-los isolados e orientam os pais da vítima a entrarem na Justiça contra o ofensor. Essa orientação é isolada e vai de encontro a todas as recomendações dos estudiosos e dos organismos internacionais sobre o assunto, além de refletir um pensamento estritamente punitivo. A não reunião entre os envolvidos somente seria recomendável em casos extremos, quando falharem os meios restaurativos de resolução do problema. Ademais, não se trata de uma simples reunião com o ofensor e a vítima. As reuniões restaurativas exigem critérios próprios, como veremos.

Atividades práticas para reflexão

Atividade 1: Montando o vocabulário do *bullying*:

Objetivo: proporcionar uma melhor compreensão entre os alunos sobre as mais variadas terminologias, expressões e consequências relacionadas ao *bullying*. Essa atividade busca trabalhar com os verbos e expressões relacionadas à prática. Ela é adequada porque os próprios alunos, com o apoio do educador, serão os protagonistas das sugestões de palavras a serem escolhidas.

Material: os grupos elaborarão fichas com textos explicativos sobre cada vocábulo encontrado, para que depois possa ser montada uma grande lista ou um pequeno dicionário.

Duração: a critério de cada educador.

Procedimento: os alunos ficarão encarregados de montar um dicionário de verbos e expressões relacionadas ao *bullying*. A atividade é extremamente envolvente e demandará o trabalho de toda a turma; além disso, ela propicia o trabalho cooperativo entre os alunos.

Fase 1: Inicialmente, o educador deverá repassar aos alunos noções gerais sobre quais comportamentos são ligados ao *bullying*. Divida a sala em grupos circulares de cinco ou seis alunos ou conforme o número de participantes. Em seguida peça a cada grupo para levantar o maior número possível de expressões relacionadas ao *bullying*.

Dê aos alunos um prazo razoável para a elaboração de uma lista, por exemplo, trinta minutos (se não houver tempo, o educador pode pedir que individualmente os alunos tragam de casa verbos relacionados ao *bullying*).

Após o levantamento das palavras ou expressões, o educador pedirá a cada grupo que repasse a ele as expressões levantadas. O educador deverá anotar no quadro as expressões novas, ignorando as que forem repetidas. No levantamento, deverá refletir com eles se aquela expressão nova refere-se ou não à prática do *bullying*.

Fase 2: Após o levantamento, o educador poderá fazer um grupo geral, no qual cada subgrupo, através de um relator, esclarecerá as expressões que foram levantadas por eles e quantas foram ou não escolhidas. Deverá haver uma reflexão do educador com a turma para saber por que aquelas expressões são ou não comportamentos ligados ao *bullying*. Em seguida promover debates e incentivar discussões entre todos.

Fase 3: Após a elaboração do dicionário, pedir a algum aluno ou grupo para que escreva num cartaz todas as expressões levantadas, o qual deverá ficar exposto na classe e ser periodicamente apresentado para a reflexão sobre os comportamentos indesejáveis dentro ou fora da sala de aula.

Atividade 2: O que sente uma pessoa ao praticar *bullying*? E o que sentem as vítimas?

Objetivo: a atividade é útil para entender os sentimentos das pessoas envolvidas na prática do *bullying* e leva à reflexão de todos sobre o problema.

Duração: a critério de cada educador.

Procedimento: divida a sala em grupos de cinco alunos e, alternadamente, um representa aqueles que são vítimas do *bullying* e o outro os autores do *bullying*. Depois que os alunos entenderem o que é *bullying*, peça para os grupos discutirem entre eles os seguintes pontos:

Grupos que representam os agressores:
1) O que sente uma pessoa que pratica *bullying*? Pena, preocupação ou nada?
2) Os agressores julgam a situação como certa ou como errada?
3) O que leva uma pessoa a praticar *bullying*: inveja, medo, egocentrismo etc?
4) Como um agressor encara o *bullying*: como covardia, como brincadeira, considera as "zoadas" como normais etc.?
5) É correto dizer que os agressores são mais valentões, maiores, mais fortes, não têm limites etc.?

Grupos que representam as vítimas:
1) As vítimas se sentem magoadas e apresentam medo dos agressores?
2) É correto dizer que as vítimas do *bullying* normalmente ficam quietas, não comentam o problema com ninguém e não aceitam a situação?
3) As vítimas guardam raiva dos agressores e podem ter traumas pelas práticas de *bullying*?
4) Em regra, qual é o perfil das vítimas: pessoas tímidas, quietas, menores e mais fracas? Pessoas com alguma diferença em relação aos demais?

Depois das discussões, dividir a sala em dois grupos e pedir para que os representantes de cada um apresentem as conclusões para a turma toda. Discutir os pontos convergentes e os pontos divergentes.

OS PILARES DA EDUCAÇÃO

Os pilares da educação: além de aprender a "conhecer" e a "fazer", também aprender a "ser" e a "conviver".

O homem é um ser social. Ao longo da vida, constrói as suas relações e, através de complexos laços e regras sociais, aprende a conviver com os seus semelhantes.

Os conflitos surgem naturalmente no convívio social, porque as pessoas buscam proteger os seus próprios interesses e bens, ignorando as normas de convivência, e estão o tempo todo exercitando o seu poder de decidir sobre alguma coisa.

Quanto mais o homem vai aperfeiçoando e melhorando as suas relações interpessoais e sociais, mais condições tem para solucionar problemas comuns apresentados pela complexidade da vida social, gerando melhoria na qualidade de vida de todos.

A escola é o local adequado para aprimorar o nosso potencial de vivermos juntos, de alcançarmos objetivos comuns criando habilidades de relacionamentos e de difundirmos práticas de solidariedade e de cooperação. Um dos grandes desafios da educação é buscar a autonomia dos jovens e possibilitar a construção da capacidade deles de relacionar-se com eles mesmos, com os outros e com o mundo.

Para dar respostas aos grandes desafios da educação no mundo contemporâneo e no futuro, a Unesco estabeleceu, em 1993, a Comissão Internacional de Educação para o Século XXI. Essa comissão foi presidida por Jacques Delors e por um grupo de especialistas e pedagogos de várias partes do mundo que produziram um relatório com sugestões e recomendações, que passou a ser conhecido como "Relatório Delors".

O relatório ganhou o *status* de agenda para políticas públicas na área da educação em várias partes do planeta. Defende a organização da educação com base em quatro princípios (os pilares do conhecimento), os quais interagem, são interdependentes e se fundamentam numa concepção de totalidade dialética do sujeito (Noleto, 2008: 27).

Os quatro pilares do conhecimento, segundo o "Relatório Delors", foram caracterizados da seguinte forma: aprender a conhecer; aprender a fazer; aprender a viver juntos e aprender a ser.

Esses pilares do conhecimento têm uma visão integral de educação, que se dirige à totalidade do ser humano e não apenas a um de seus aspectos, numa verdadeira mudança de paradigmas. Trazem à luz a educação no sentido amplo e completo, para além dos limites da sala de aula (Noleto, 2008: 30). Vejamos, no quadro abaixo, essa visão do todo (cf. Costa, 2008: 23).

Aprendizagens	Conjunto de competências	Atitudes	Exemplos de habilidades
Aprender a ser	Competências pessoais	Autodesenvolvimento (voltado para si mesmo)	• Autoconhecimento • Autoconceito • Autoestima • Autoconfiança • Autonomia • etc.
Aprender a conviver	Competências relacionais	Alterdesenvolvimento (voltado para o outro)	• Habilidades de relacionamento interpessoal e social • As várias dimensões do cuidado
Aprender a fazer	Competências produtivas	Desenvolvimento das circunstâncias (voltado para a realidade econômica, ambiental, social, política ou cultural)	Trabalhabilidade: • autogestão • cogestão • heterogestão
Aprender a conhecer	Competências cognitivas	Desenvolvimento intelectual (voltado para a gestão do conhecimento)	Habilidades metacognitivas: • autodidatismo • didatismo • construtivismo

Ao contemplar os pilares do "aprender a ser e a conviver" ao lado dos aprendizados do "aprender a conhecer e a fazer", o relatório busca mostrar a importância de uma educação também voltada para os princípios, valores e virtudes que devem ser semeados em cada criança e jovem.

A construção desses objetivos preconizados pela Unesco visa à mudança de atitudes e comportamentos, entre outros, direcionados na busca de uma educação para a paz e a superação pacífica dos conflitos.

O ponto de partida de Delors é a constatação de que a educação se constitui, principalmente, em uma via privilegiada de construção da própria pessoa, das relações entre indivíduos, grupos e nações, embora não se possa desprezar sua importância no processo permanente de enriquecimento dos conhecimentos, do saber-fazer (Delors, 2004: 12; Noleto, 2008: 26).

Nesse sentido, a escola precisa ensinar para a vida, e isso pressupõe preparar as crianças e os jovens com um conjunto de habilidades sociais e de instrumentos necessários para que possam desenvolver uma equilibrada autoestima, tomar decisões responsáveis, relacionar-se adequadamente com os demais, resolver conflitos de forma positiva e adequada, entre outros (Fernandez, 2005).

Por isso é tão importante nos dias atuais o aprendizado de habilidades que favoreçam a autoafirmação, melhorem a comunicação, promovam a cooperação, levem a uma boa convivência social, aprimorem as relações interpessoais e solucionem pacificamente os conflitos. Essas habilidades, aliás, vão ao encontro das habilidades e capacidades relacionais propugnadas pela educadora americana Drew (1990: 14-6), para quem a educação para a paz deve trabalhar quatro conceitos fundamentais: a aceitação de si mesmo e dos outros; a habilidade de comunicação eficiente; a compreensão das diferenças interculturais e a solução pacífica dos conflitos.

Trataremos dessas habilidades, ainda que de passagem, neste e nos próximos capítulos. Neste capítulo, para fins didáticos, trataremos do seguinte conjunto de habilidades, complementares ao propósito da prevenção da violência e da solução pacífica dos conflitos: a) aprender a ser, abordando a questão da autoafirmação, autoconsciência, autocontrole e a tomada responsável de decisões; b) aprender a conviver, destacando a promoção da cooperação; c) construir as habilidades para uma boa convivência social, abordando as questões do respeito ao outro.

Aprender a ser

O "aprender a ser", na concepção do "Relatório Delors", significa que "a educação deve contribuir para o desenvolvimento total da pessoa – espírito e corpo, inteligência, sensibilidade, sentido estético, responsabilidade social, espiritualidade" (Dellors, 2004: 99).

Ainda segundo o relatório da Unesco, todo ser humano deve ser preparado, principalmente graças à educação que recebe na juventude, "para elaborar pensamentos autônomos e críticos e para formular os seus próprios juízos de valor, de modo a poder decidir, por si mesmo, como agir nas diferentes circunstâncias da vida" (Dellors, 2004: 99).

Na relação consigo mesmo, como essência das competências pessoais, temos o autodesenvolvimento que gera o desenvolvimento de habilidades como o autoconhecimento, o autoconceito, a autoestima, a autonomia, entre outras.

Ao se preparar para prevenir e enfrentar a violência entre os alunos, a escola constrói a capacidade de estimular as relações de companheirismo e de relações positivas entre os estudantes, melhorando a autoestima e a autoconfiança de todos. É sabido que a violência, principalmente a violência psicológica, traz consequências danosas ao meio educacional e atinge severamente as nossas crianças e os nossos jovens, corroendo a autoestima, diminuindo-os como seres humanos.

Ao reduzir fatores que cultivam a violência e mantenham a opressão e o medo, a escola automaticamente possibilita o sentimento de inclusão, de pertencimento e de bem-estar do aluno.

Como observa John Braithwaite (apud Holtham, 2009: 08), em vez de perguntar o que faz as pessoas praticarem crimes, nós deveríamos perguntar por que a maioria das pessoas tem comportamento adequado a maior parte do tempo? A resposta é simples, diz ele, é a conexão com a comunidade, que permite, entre outras coisas, o senso de pertencimento.

A observação de Braithwaite nos mostra o quão importante é propiciar a conexão e o pertencimento dos nossos alunos à escola e à comunidade. Quanto mais conectado estiver o aluno, menos ele praticará condutas antissociais. A prática da pedagogia restaurativa e as formas de solução de conflitos através da lógica "ganha-ganha" são excelentes, como veremos, pois estimulam as relações de companheirismo e melhoram o bem-estar individual e o ensino-aprendizagem, uma vez que aumentam a capacidade de autoestima, de cooperação dos alunos e do ambiente escolar como um todo.

A incorporação da lógica "ganha-ganha" (aquela na qual todos os envolvidos no conflito acabam ganhando) para a solução dos conflitos escolares contribui sobremaneira para desenvolver o autoconhecimento, o pensamento crítico e a capacidade de ouvir, pois nesse tipo de solução é preciso atender às exigências do eu (assertividade) e do outro (compreensão). Em cada conflito discutido e solucionado através do "ganha-ganha", há uma reflexão do indivíduo sobre a sua conduta (em relação a si mesmo) e sobre a conduta do outro.

Atividades práticas para reflexão

Atividade 1: Autoconhecimento

Atenção: o educador deverá explicar que esta atividade será confidencial. As respostas poderão ser guardadas num arquivo da escola ou com o professor, com a finalidade de um melhor conhecimento do perfil de cada aluno.

Objetivo: permitir uma reflexão sobre si mesmo e o reconhecimento de características pessoais que tenham influência na interação e na dinâmica do relacionamento escolar.

Ao conhecer melhor os seus alunos, a escola poderá propiciar trabalhos, atividades e meios reflexivos que levem à melhoria do autoconhecimento de cada um. O autoconhecimento nada mais é do que o conhecimento que o indivíduo tem dele mesmo, de suas falhas e de suas virtudes. Quanto mais uma pessoa conhece a si mesmo, mais ela tem o controle das suas próprias emoções, sejam elas positivas ou não. Um bom autoconhecimento permitirá ao indivíduo uma melhoria nos relacionamentos interpessoais, pois o torna mais confiante e independente, permitindo mais estabilidade emocional para gerenciar as frustrações, os momentos de raiva, as ansiedades, as inquietudes e a baixa autoestima.

Duração: a critério de cada educador.

Fase 1: Distribua aos alunos três folhas de papel. Em seguida, oriente para que, numa folha de papel, eles escrevam dez características próprias. Na outra, peça que escrevam cinco características pessoais que facilitam e cinco que dificultam o relacionamento interpessoal de cada um na escola.

Fase 2: Depois, na outra folha de papel, deverá estimulá-los a responder as seguintes questões:

1) O que você descobriu sobre si mesmo ao realizar a atividade?
2) Você precisa fazer alguma coisa para melhorar o relacionamento com os seus colegas?
3) O que você considera mais importante para um bom convívio com os seus colegas?
4) Quais as virtudes que você acha mais importante a pessoa possuir para se relacionar bem com os demais?
5) A partir dessas reflexões, você sabe qual é a sua responsabilidade dentro da dinâmica e do funcionamento escolar?

Atividade 2: Minha bandeira pessoal (atividade adaptada da *Revista do Professor*, Porto Alegre, 19 (74), abr./jun. 2003: 39-44)

Objetivo: autoconhecer-se, identificando qualidades, habilidades e limites pessoais. Trata-se de uma reflexão sobre a autoestima. A autoestima significa quem você é para você, é o amor por si mesmo. Se você se valoriza, se considera alguém de "valor", você terá alta autoestima; se for o contrário, a sua autoestima será baixa. Quanto melhor a autoestima, mais você terá sentimento de satisfação, de completude, de prazer interior. Durante o processo de crescimento, somos alimentados em nossa autoestima quando somos respeitados em nossas opiniões, nossos gostos, quando somos amados, valorizados e encorajados a confiar em nós mesmos. Por isso, é importante trabalhar a autoestima das nossas crianças e jovens. Quanto mais elevada a autoestima, mais paz interior e melhor o relacionamento da pessoa com os demais.

Materiais: fichas de trabalho, lápis preto, lápis de cor e borracha.

Duração: 50 minutos, aproximadamente.

Procedimentos: o educador orienta os alunos a se posicionarem à vontade, espalhados pela sala de aula.

Cada um recebe uma folha de sulfite, e o educador explica que cada um deverá construir a sua bandeira a partir das seis perguntas, identificadas adiante. Para que os alunos compreendam a tarefa, o educador pode fazer alusão ao fato de que uma bandeira, geralmente, representa um país, trazendo algo significativo de sua história. Na folha sulfite, que poderá ser dividida em seis partes, o aluno deverá fazer aquela que será a sua bandeira.

A partir de então, o educador solicitará aos alunos que respondam às perguntas preferencialmente por meio de um desenho ou de um símbolo em cada uma das áreas da divisão. Os que não desejarem desenhar podem escrever uma frase ou algumas palavras, colocando-as em cada uma das áreas divididas da folha.

Então, o educador faz as seguintes perguntas aos alunos: *Qual a sua melhor qualidade? O que gostaria de mudar em você? Qual a pessoa que você mais admira? Em que atividade você se considera muito bom? O que mais você valoriza na vida? Que dificuldades ou facilidades você encontra para trabalhar em grupo?*

As perguntas podem ser feitas após cada uma das respostas. Terminada a tarefa, o educador facultará aos alunos que quiserem, que compartilhem as suas bandeiras, examinando-as e comentando as respostas dadas (esse compartilhamento de respostas deve ser opcional para evitar eventuais constrangimentos).

Na etapa seguinte, o professor incentivará aqueles que quiserem (portanto, também de forma opcional), que façam comentários pessoais e individuais sobre o que mais lhe chamou atenção em suas bandeiras e o que cada um descobriu sobre si mesmo e sobre o grupo. Na oportunidade, todos se manifestarão sobre a experiência de ter compartilhado com o grupo o seu fazer pessoal, os seus sonhos, as suas descobertas, o seu pensar sobre si e sobre os outros.

Atividade 3: Exercício de autoavaliação (adaptação da atividade disponível em <http://www.ritaalonso.com.br>. Acesso em abril de 2010)

Atenção: este exercício de avaliação, destinado a um melhor conhecimento do perfil do aluno, também deve ser feito reservadamente e deverá ser guardado num arquivo da escola ou com o professor.

Objetivo: promover o autoconhecimento e a capacidade de reconhecer qualidades e valores em si e nos outros.

Material: uma folha a ser distribuída a cada participante e músicas harmonizantes.

Duração: a critério de cada educador.

Procedimento: texto de sensibilização a ser lido pelo educador:

> *"Reconhecer os valores e o potencial das pessoas à nossa volta é o ponto de partida para o estabelecimento da confiança nas relações interpessoais. Todos nós gostamos de nos sentir qualificados e é mais fácil ver as qualidades nos outros quando descobrimos nosso potencial, nossa força. No desafio das cores, convidamos cada um a identificar seu mapa pessoal de qualificação a partir de uma viagem pelos caminhos das cores."*

Em seguida, o educador distribui as folhas e solicita que cada um preencha o exercício de autoavaliação.

Exercício de autoavaliação: marque pontos de 1 a 4, de acordo com a escala:
1 – Raramente 2 – Algumas vezes 3 – Frequentemente 4 – Sempre

Comportamentos, reações, atitudes e ações que normalmente apresento:

Verde
( ) Ousadia
( ) Inovação
Total: ....

Vermelho
( ) Paixão
( ) Emoção
Total: ....

Amarelo
( ) Energia
( ) Radiância
( ) Espontaneidade ( ) Explosão ( ) Calor
( ) Criatividade ( ) Afetividade ( ) Positividade
( ) Flexibilidade ( ) Sensibilidade ( ) Animação
( ) Ludicidade ( ) Carinho ( ) Entusiasmo
Total: ....

Azul
( ) Organização
( ) Minúcia
( ) Boa memória
( ) Realização do que foi planejado
( ) Capacidade de síntese
Total: ....

Branco
( ) Tranquilidade
( ) Paz
( ) Imparcialidade
( ) Negociação
( ) Docilidade
( ) Mediação
Total: ....

AVALIAÇÃO FINAL
Minha cor positiva mais marcante (onde somei mais pontos): ....
A cor que preciso desenvolver mais (onde somei menos pontos): ....

Aprender a viver juntos, aprender a viver com os outros

Outro pilar da educação, previsto no "Relatório Delors" para a Unesco, é o de aprender a "conviver", através do qual a escola deve ensinar o aluno a se relacionar melhor em seu meio, de forma participativa, solidária e cooperativa. Essa perspectiva transdisciplinar é um novo desafio para a escola do século XXI. Aprender a conviver significa habilitar-se para um maior e melhor exercício das relações humanas, tais como exercer uma boa comunicação, ter maior participação social, realizar trabalhos cooperativos, possuir habilidades em negociação e gerenciamento dos conflitos. Significa também aprender a ter uma maior consciência e responsabilidade social, desenvolvendo empatia, apreciação pela diversidade, respeito pelos outros e espírito de solidariedade.

Esse pilar vai além do objeto a ser conhecido e do resultado a ser alcançado, projetando-se na ideia de um aprendizado compartilhado e construtivo, em cuja perspectiva há uma situação de reciprocidade, respeito mútuo e cooperação entre aluno-professor e aluno-aluno.

O aprendizado da convivência leva à cooperação e, numa concepção piagetiana, as relações de cooperação "favorecem a consciência do respeito mútuo e da igualdade, princípios fundadores da moral autônoma e que não dependem de castigo nem do que prescreve a autoridade" (Parrat-Dayan, 2008: 53).

A importância da cooperação para a construção da autonomia

É clássica a formulação de Jean Piaget (1994) desdobrando as etapas da formação moral da criança. Ele estudou a concepção que as crianças possuem das regras com base num jogo de bolas de gude, muito comum à época dos seus estudos. Conforme as suas conclusões, as crianças pequenas não percebem as regras sociais (anomia), como, por exemplo, devolver o brinquedo do amigo. A partir do momento em que as crianças crescem, depois dos 3 ou 4 anos, elas começam a entrar no mundo das regras e, aos poucos, por volta dos 5 aos 6 anos, passam a reconhecê-las e a cumpri-las em respeito aos pais e à sociedade, que as impõem para protegê-las e para permitir o convívio com as demais pessoas; por esse motivo, a coação é o tipo de relação social dominante na infância (heteronomia). De forma gradual, a partir dos 7 anos de idade, essa relação de coação passa a ser substituída pela relação de cooperação, e a criança começa a construir a sua autonomia moral, quando então, sobretudo por volta dos 10 a 12 anos de idade, ela passará a respeitar e a compreender o sentido das regras, nascidas do consenso mútuo, em razão do respeito ao outro ou ao mundo, e as identifica como próprias, assumindo os valores nela contidos como os seus próprios valores (autonomia).

A progressão que vai da anomia (ausência de regras), passando pela heteronomia (regras impostas), até chegarmos à autonomia (criação cooperativa de normas) traduz-se em um longo trajeto, que tem diversas variáveis como as condições pessoais, sociais e ambientais do indivíduo. Por isso, não se trata de uma simples questão de idade cronológica, pois não é incomum encontrarmos adolescentes, ou mesmo adultos sem a desejada autonomia, ainda na fase heterônima, precisando de quem os vigie e os controle ou de quem os leve à necessária autonomia.

Hoje, com as dificuldades de espaços informais de cooperação e de brincadeiras entre as crianças; com os problemas enfrentados pela família; com as dificuldades da própria comunidade em ajudar a cuidar dos filhos dos outros; com as sensíveis mudanças do estilo de vida das crianças, cada vez mais atarefadas, entre outros, a escola passou a ter um papel relevante nesse processo de construção da autonomia. É na escola que a pessoa vai melhorar a capacidade de relacionar-se consigo mesmo; é na escola que a criança e o jovem vão aprimorar a capacidade de relacionamento com os seus pares e com o mundo, e é na escola que a criança e o adolescente vão compreender melhor a importância do respeito às regras sociais. É por isso que o aprender a ser e a conviver estão entre as preocupações da Unesco.

Assim sendo, a escola deve incentivar as atividades em círculo, o trabalho cooperativo, as atividades em equipe e patrocinar jogos cooperativos. É trabalhando em equipe e de forma cooperativa que a criança e o adolescente passam a ter uma melhor consciência do grupo social e a perceberem o valor das regras.

Para Piaget, a regra é importante porque ela é condição para a existência do grupo social. Sem a existência de regras de vida e de respeito a elas, é impossível conceber a democracia em sala de aula e o exercício da cidadania. Por tal razão, é fundamental a estratégia que consiste em usar, na classe, a pedagogia da cooperação, na qual as interações sociais estão presentes em pequenos grupos (Parrat-Dayan, 2008: 38).

Dentro da concepção piagetiana, para o desenvolvimento de seres moralmente autônomos em ambiente escolar, é necessário que as relações humanas se fundamentem em princípios de cooperação e reciprocidade. Um ambiente cooperativo visando manter a disciplina surtirá efeitos muito mais positivos do que com regras repressoras e coercitivas que não levam ao desenvolvimento da autonomia moral. O ambiente cooperativo será profícuo para a solução pacífica de conflitos e para as práticas restaurativas.

Conforme ensina La Taille (2009: 112), citando Piaget, as relações de cooperação promovem a descentração e a conquista da autonomia intelectual e moral. Por isso a importância do "trabalho em grupo", durante o qual, não pressionados pela presença do adulto, os alunos têm a liberdade de expor o que pensam e de tentar convencer os seus colegas (ou serem convencidos por eles).

Segundo Parrat-Dayan (2008: 53), a cooperação se caracteriza pelo respeito mútuo, o igualitarismo e a reciprocidade. A reciprocidade é a capacidade de o indivíduo integrar a ideia do outro ao seu próprio ponto de vista. Assim, para que exista cooperação, na concepção piagetiana, é necessário:

    a) Que os alunos tenham a compreensão do motivo pelo qual é importante aprender a cooperar. O trabalho em duplas e depois em grupos pequenos, de quatro ou cinco pessoas, refletirá a heterogeneidade da escola, permitindo a abordagem dos problemas com base em pontos de vista diferentes e complementares.

b) Desenvolver uma interdependência positiva nos trabalhos em grupos, compartilhando objetivos, recursos e tarefas, complementando os papéis, de forma que o sucesso de um aluno somente será possível se houver o sucesso de todos.

c) Fortalecer a interação verbal entre os alunos como uma das chaves da aprendizagem cooperativa.

É possível passar aos alunos conceitos positivos básicos, que são fundamentais para o sucesso dos trabalhos em grupo, entre outros:

- estar disponível para o aprendizado de novas experiências;
- respeitar a diversidade e a apreciação da heterogeneidade do grupo;
- aceitar as divergências e respeitar as opiniões e experiências dos demais;
- aceitar as regras do grupo e comprometer-se com as suas metas e finalidades;
- participar do grupo contribuindo com a sua capacidade criativa e crítica;
- aceitar eventuais críticas e sugestões e aprender a compartilhar ideias;
- dividir com os seus colegas os seus conhecimentos e as suas habilidades;
- saber ouvir os outros, sem interromper;
- mostrar humildade, generosidade e honestidade.

Portanto, enfatizamos a importância de se ensinar a cooperação e a solidariedade em sala de aula. Quando crianças e jovens participam de atividades solidárias ligadas ao currículo, eles são alertados e orientados para a necessidade de uma maior participação social e constroem uma melhor relação de convivência. Ademais, a motivação apresentada para atividades ligadas à cooperação e à fraternidade despertará no aluno a melhoria das habilidades relacionadas às mais diversas disciplinas.

Atividades práticas para reflexão

Atividade 1: Dando sentido à vida

Objetivo: a parábola que se segue é um bom exemplo da lógica "ganha-ganha" (ou "vitória-vitória"), na qual não há um único "vencedor" ou um único "perdedor", pois todos do grupo acabam ganhando.

Duração: a critério de cada educador.

Fase 1: Desenvolva, em grupos, discussões sobre o texto a seguir: "Dando sentido à vida" (texto de autoria desconhecida). Escreva-o num quadro ou "flip chart" ou dê uma cópia a cada um. (Há no site Youtube um pequeno filme que tem o mesmo sentido, em <http://www.youtube.com/watch?v=HzF71D7G9ml>)

Dando sentido à vida

Há alguns anos, nas olimpíadas especiais de Seattle, nove participantes, todos com necessidades especiais, mental ou física, alinharam-se para a largada da corrida dos 100 metros rasos.

Ao sinal, todos partiram, não exatamente em disparada, mas com vontade de dar o melhor de si, terminar a corrida e ganhar. Todos, com exceção de um garoto, que tropeçou no asfalto, caiu rolando e começou a chorar.

Os outros oito ouviram o choro. Diminuíram o passo e olharam para trás.

Então eles viraram e voltaram. Todos eles.

Uma menina, com síndrome de Down, ajoelhou, deu um beijo no garoto e disse: "Pronto, agora vai sarar". E todos os nove competidores deram os braços e andaram juntos até a linha de chegada.

O estádio inteiro levantou, e os aplausos duraram muitos minutos. E as pessoas que estavam ali naquele dia continuam repetindo essa história até hoje.

Talvez os atletas fossem deficientes mentais. Mas, com certeza, não eram deficientes da sensibilidade. Por quê? Porque, lá no fundo, todos nós sabemos que o que importa nesta vida é mais do que ganhar sozinho. O que importa nesta vida é ajudar os outros a vencer, mesmo que isso signifique diminuir o passo e mudar de curso.

Fase 2: Desenvolva com os alunos, em um círculo, as seguintes questões:
1) Por que o título do texto é "Dando sentido à vida"?
2) O que significava "terminar a corrida e ganhar" para aqueles jovens?
3) Por que as pessoas aplaudiram o gesto dos competidores?
4) Se as pessoas têm sensibilidade para ajudar o próximo e podem ser cooperativas, por que então o ser humano nem sempre enfrenta e resolve bem os seus conflitos?
5) O que se quis dizer com "talvez os atletas fossem deficientes mentais. Mas, com certeza, não eram deficientes da sensibilidade"?
6) Você concorda com a afirmação de que "o que importa nesta vida é mais do que ganhar sozinho. O que importa nesta vida é ajudar os outros a vencer, mesmo que para isso signifique diminuir o passo e mudar de curso"?
7) Qual a melhor aprendizado que você tirou do texto?

Atividade 2: Dinâmica "A rede"

Objetivo: visualização das relações escolares e sociais, compreendendo a escola e a comunidade como um agrupamento de pessoas interagindo na busca de objetivos comuns, e que o comportamento de um afeta ou pode afetar os demais membros.

Duração: a critério de cada educador.

Procedimento: em círculo, um dos participantes, segurando um rolo de barbante, falará sobre o seu papel na escola e na comunidade (estudar, pesquisar, cooperar, fazer amigos, brincar, jogar etc.). Ao término de sua exposição, segurando a ponta do barbante, jogará aleatoriamente o rolo a outro participante, que também deverá falar, e assim sucessivamente até que se forme uma "teia", que propiciará uma visualização das relações escolares e comunitárias.

Discussão
1) Reflexão sobre a importância de cada um no contexto familiar, escolar e comunitário e sobre a necessidade da clareza e do bom desempenho dos papéis de cada um.
2) Reflexão sobre os relacionamentos que funcionam como numa engrenagem, em que cada membro é parte integrante do processo, influenciando e sendo influenciado.

Atividade 3: Jogo da solidariedade (Diskin, 2008)

Duração: a critério de cada educador.

Procedimento: antes de iniciar a atividade, o educador coloca as cadeiras (em número par) formando um círculo. Debaixo do assento de algumas, coloca um papel descrevendo alguma atividade que deve ser assumida pelo ocupante da cadeira: cuidar de uma criança, alimentar um doente, ajudar um idoso a atravessar a rua, consolar uma pessoa triste etc. Quando todos os participantes estiverem sentados, o educador pede que procurem os papéis debaixo de suas cadeiras. Os participantes formam duplas, que vão encenar as tarefas descritas.

Para encerrar, o monitor propõe uma discussão: como se sentiram? Em ocasiões mais tristes, procuramos ajuda ou isolamento? No dia a dia, qual é a nossa tendência: somos "solidários" com os outros ou preferimos ser "solitários" e nos isolar dos problemas e das pessoas? O monitor deve dar oportunidade às pessoas para falar de seus sentimentos sem serem julgadas por isso.

Atividade 4: Jornada cega

Objetivo: trabalhar a confiança, estimular a cooperação e entender a importância de uma comunicação clara. Serve para mostrar o quanto dependemos uns dos outros e o quanto podemos contribuir para o crescimento de cada um. Serve também para "quebrar o gelo", antes de alguma outra atividade.

Duração: a critério de cada educador.

Procedimento: o educador prepara a sala com as cadeiras, mesas e objetos dispostos de forma a tornarem-se obstáculos à locomoção. Os participantes são divididos em duplas para as quais deve ser entregue uma venda. Um dos componentes da dupla é vendado e ao outro cabe a tarefa de guiá-lo pela sala, através dos obstáculos, orientando-o para que este não caia. Após o percurso ter sido feito, invertem-se os papéis.

Discussão
1) Como é ser guiado? Que sentimentos experimentaram?
2) Como é guiar?
3) É fácil confiar no outro? Por quê?
4) Que relação pode-se estabelecer entre essa atividade e a convivência social?
5) O que falta em você para que as pessoas confiem mais no seu auxílio?
6) Qual a maior ajuda que você pode prestar neste momento de sua vida para as pessoas e para o grupo?

Atividade 5: Ilha deserta

Objetivo: essa atividade é simples, uma espécie de *brainstorm* que ajuda a desenvolver o espírito de solidariedade, a participação e a criatividade dos participantes. Pode ser usada como "quebra-gelo".

Duração: a critério de cada educador.

Desenvolvimento: o educador sugere a todos que formem um grande círculo. Em seguida, pede que um grupo de pessoas fique no meio do círculo. O educador então diz aos que estão no meio que eles "acabaram de chegar a uma ilha deserta". Eles não sabem quanto tempo ficarão na ilha, pois não há qualquer meio de transporte ou de comunicação. O que fazer?

Em seguida, o educador deixa a discussão tomar conta de todos, aproveitando a ideia que cada um apresentar. Todas as ideias são válidas, e o educador somente retoma a palavra quando o grupo chegar, consensualmente, a uma conclusão.

Promover uma cultura de respeito

Para o aprendizado da "convivência", preconizado pelo "Relatório Delors", além de desenvolver o espírito de solidariedade e cooperação, a escola deverá incutir nos alunos o respeito pela diversidade humana, em todos os sentidos.

Vivemos numa sociedade multicultural e pluriétnica. No Brasil, em particular, essa diversidade é muito rica e é muito bom que seja assim. Entretanto, nosso sistema social ainda é gerador de muitas desigualdades, e o nosso sistema educacional acaba sendo reprodutor de estereótipos e disseminador de preconceitos que levam à discriminação.

Devemos trabalhar com os alunos o respeito pelas diferenças e a necessidade de inclusão de todos num convívio harmônico. O educador deve refletir com os alunos que os preconceitos podem surgir de várias maneiras e ter como foco questões de "raça", aparência, gênero, opção sexual, renda, classe social, profissão, local de moradia, educação, religião, idade, nacionalidade, naturalidade, deficiências físicas ou mentais, entre inúmeras outras. Um material muito útil para a reflexão sobre as formas mais comuns de preconceito em nossa sociedade pode ser encontrado no livro *12 faces do preconceito* (J. Pinsky, 2011).

O desafio é construir uma pedagogia multicultural que respeite as diferenças e não reproduza estereótipos, exclusões e padrões sociais incompatíveis com o respeito à diversidade. A escola deve incluir em sua pauta uma educação criativa e inclusiva, que estimule constantemente o contato, o diálogo e a interação com as diferenças.

Nenhuma pessoa na face da Terra é igual a outra. Entretanto, quando certos grupos ou pessoas estabelecem padrões de beleza, de comportamento, de cultura, de fala, acabam por desvalorizar aquelas pessoas que estão fora desses padrões. Caberá ao educador mostrar que as diferenças, em vez de serem tratadas com desrespeito e usadas como justificativa para a discriminação, devem ser compreendidas como um fenômeno inerente ao ser humano. A humanidade fica mais bela e valorosa com as diferenças.

O educador deve se comprometer com uma educação que desmistifique ideias como a hegemonia masculina, a supremacia branca e a inferioridade social, uma educação que substitua a discriminação pela conscientização. É preciso que a escola incorpore e divulgue, de uma vez por todas, a constatação científica de que com relação às pessoas não existem raças distintas. Quando trata de gente, a raça é uma só: a raça humana.

É lógico que o trabalho do educador é limitado, e para ser mais eficiente depende também de outras políticas públicas e sociais. Porém, trabalhar a conscientização e o respeito pelas diferenças já é um grande avanço, e o trabalho deve ser constante e contínuo. Não se deve trabalhar e discutir, por exemplo, o tema relativo à igualdade da mulher somente no Dia da Mulher ou ao "negro" somente no Dia da Consciência Negra. A discussão deve acontecer ao longo do ano, de modo sistemático e integrado com todas as disciplinas.

A escola é um local marcado pelas diferenças de pessoas, cada uma com a sua história, sua aparência, sua visão de mundo e suas formas de agir e pensar. Os alunos deverão trabalhar com constância para que se libertem de possíveis atitudes discriminatórias em relação às diferenças apontadas, devendo responder à diversidade étnica, etária, linguística, econômica, cultural e de gênero de maneira positiva e socialmente responsável.

A escola também precisa ensinar a compreensão mútua. Para Morin (2000), no livro intitulado *Os sete saberes necessários à educação do futuro*, existem sete saberes fundamentais que deveriam ser observados em toda a sociedade. Entre eles está o ensino sobre a compreensão humana. Segundo o autor, "nunca se ensina sobre como compreender uns aos outros, como compreender nossos vizinhos, nossos parentes, nossos pais". Precisamos aprender quais são as raízes da incompreensão, descobrindo as causas do machismo, do racismo, da xenofobia, para que possamos ensinar a compreensão recíproca.

Segundo Morin (2000), "é preciso compreender a compaixão, que significa sofrer junto. É isso que permite a verdadeira comunicação humana. A grande inimiga da compreensão é a falta de preocupação em ensiná-la". Ainda segundo ele, "o individualismo ganha um espaço cada vez maior. Estamos vivendo numa sociedade individualista, que desenvolve o egocentrismo, o egoísmo e que, consequentemente, alimenta a autojustificação e a rejeição ao próximo".

Atividades práticas para reflexão

Objetivos:
1) trabalhar a necessidade de respeito pela diversidade;
2) refletir sobre os estereótipos e preconceitos existentes e compreender que eles podem levar a julgamentos injustos sobre pessoas ou grupos;
3) compreender o que é discriminação e quais são as formas de combatê-la;
4) refletir sobre noções de respeito ao próximo;
5) compreender que os estereótipos, os preconceitos e as discriminações afetam as nossas vidas, são potencialmente perigosos e podem contribuir para o conflito.

O educador pode também promover e incentivar na escola atividades extraclasse que trabalhem a compreensão pela diversidade, tais como visitas a feiras, participação em atividades de cultura popular, em exposições de artesanatos, em diversas formas de culto, entre outras.

Atividade 1: Vocabulário do estereótipo, do preconceito e da discriminação:

Duração: a critério de cada educador.

Fase 1: O educador vai incentivar os alunos a fazer uma pesquisa (cada aluno trará pelo menos dois exemplos) sobre expressões, ditados, piadas etc. utilizadas pelas pessoas, no cotidiano, que podem estar carregadas de estereótipos, de preconceito, de discriminação ou até mesmo de racismo, tais como: *"os homens são mais fortes e não choram"*, *"as meninas são mais organizadas", "os meninos são bagunceiros", "mulher no volante é perigo constante", "isto é coisa de negro", "coisa de pobre"* e outras.

Na mesma ocasião, o educador deverá pedir aos alunos para pesquisarem sobre as palavras "suposição", "estereótipo", "preconceito" e "discriminação".

Fase 2: Num momento seguinte ou em outro dia, o educador deverá conversar com toda a turma sobre as expressões "suposição", "estereótipo", "preconceito" e "discriminação", pedindo a eles que ajudem a defini-las.

Em seguida, explicará aos seus alunos que quando temos suposições sobre um grupo de pessoas, sem considerar as diferenças individuais, essas suposições são entendidas como estereótipos. Quando essas suposições e estereótipos influenciam as nossas atitudes, sem conhecimento dos fatos, podemos fazer um julgamento negativo ou injusto sobre alguém ou sobre um grupo. Isso é o preconceito, que é baseado em estereótipos. O preconceito é o primeiro passo para a discriminação.

Fase 3: Após formar grupos de cinco alunos, o educador pedirá para que cada aluno apresente as suas expressões e discuta com o grupo se elas são ou não estereotipadas, preconcei-tuosas ou discriminatórias, devendo o representante anotar as escolhidas. As escolhidas deverão ser anotadas em cartazes.

Depois, o educador poderá formar um grupo único, em formato de "U", e pedir para o representante de cada grupo falar sobre as expressões trazidas e escolhidas pelo grupo.

O educador deverá mostrar que tais palavras ou ditados podem refletir um vocabulário rico em expressões portadoras de ideias estereotipadas, preconceituosas, falsas e perniciosas. Decidirá, junto com os alunos, que tais expressões deverão sair definitivamente do vocabulário de todos. E mais: que, de agora em diante, todos deverão indignar-se com expressões estereotipadas, machistas e racistas ditas por outros.

Em seguida, o educador pedirá aos alunos para riscarem com um "X" bem grande todos os cartazes que produziram, mostrando que tais expressões são incompatíveis com jovens que pretendem ter uma convivência escolar e social pacífica.

Atividade 2: Discutindo a intolerância

Fase 1: Identificando comportamentos intolerantes

Intolerância é o mesmo que não aceitar ou não admitir opiniões diversas das suas, em questões sociais, culturais, políticas ou religiosas. A escola, por ser um local que reúne pessoas de todas as origens, é o ambiente ideal para se trabalhar conceitos ligados à diversidade.

A presente atividade leva os jovens a refletir sobre formas e meios de entender e combater a discriminação e a intolerância.

Divida a sala em grupos de cinco alunos e peça a eles para identificarem formas de fanatismo religioso – Inquisição, Talibã etc. – , casos de intolerância aos demais povos – nazismo – e grupos de pessoas que, em regra, são discriminadas na sociedade – portadoras de necessidades especiais, minorias étnicas, homossexuais, grupos de baixa renda ou minorias religiosas. Os grupos deverão colocar os nomes desses tipos de intolerância no alto de uma folha sulfite.

Fase 2: Retome com eles a explicação sobre a palavra estereótipo (vide atividade 1). Explique que as suposições sobre um grupo de pessoas são os estereótipos. Quando as suposições e os estereótipos influenciam as nossas atitudes, podemos ter dificuldades em fazer um julgamento justo sobre alguém ou sobre alguma coisa. Essa influência no julgamento é o preconceito.

Fase 3: Com as explicações, com as divisões e com os nomes selecionados e identificados por cada grupo, pedir para que, em cinco minutos, descrevam no restante da folha os estereótipos normalmente usados para cada categoria de pessoas indicada por eles.

Em seguida, peça aos grupos para trocarem as folhas e diga a todos que deverão completar as folhas recebidas com novos adjetivos para cada categoria que se encontra na folha.

Recolha as folhas dos grupos e as coloque num local visível, lendo cada uma delas para toda a classe (ou então permita que todos acessem o local onde elas estão colocadas para que eles mesmos leiam).

Depois, forme um grupo geral, em círculo, e promova uma discussão livre com todos os alunos sobre as questões seguintes:

1) Como é que eles se sentem perante os estereótipos encontrados?
2) O que é que eles acham sobre a lista de estereótipos? Existem estereótipos que podem ser considerados bons?
3) Existem coincidências de estereótipos para grupos diferentes?
4) De onde eles tiraram os estereótipos colocados? De programas de televisão, da rua, de filmes ou de livros?
5) O que eles acham de alguém causar uma injustiça a outra pessoa por causa de um estereótipo?
6) Quais acontecimentos históricos foram influenciados por estereótipos e preconceitos?
7) Como as pessoas aprendem a criar estereótipos e como podem aprender a aboli-los.
8) Existem grupos que são mais propensos aos estereótipos do que outros?
9) O que nós podemos fazer, individual e coletivamente, para diminuir os preconceitos e os estereótipos?

AS PRÁTICAS RESTAURATIVAS
NO CONTEXTO ESCOLAR

O "Relatório Delors", ao inserir nos pilares do conhecimento o "aprender a ser e a conviver", preocupou-se com uma educação de princípios e valores que fortaleça individualmente cada ser humano e cultive uma boa convivência escolar, permitindo o sentimento de inclusão, de pertencimento e de conexão de cada um e que, sobretudo, prepare os alunos para a solução positiva dos conflitos.

Como já abordamos, a violência e a indisciplina são realidades presentes na maioria das escolas, levando a situações de desequilíbrio e desarmonia no funcionamento escolar. São situações de discriminação, exclusão e humilhação que afetam os relacionamentos das crianças e dos jovens e causam desajustes no convício escolar e social.

O contexto escolar é complexo, e a escola, em regra, não dispõe de meios adequados ou de respostas eficientes para gerenciar e resolver os conflitos que nela ocorrem. Por isso, além de atividades preventivas que estimulem a reflexão, os educadores precisam desenvolver meios e estratégias que lhes permitam trabalhar com o conflito de forma construtiva, cujos resultados produzam efeitos mais duradouros.

Para instrumentalizar o educador com conceitos e atividades facilitadoras na condução harmoniosa dos conflitos escolares, vem ganhando notoriedade a utilização das abordagens restaurativas, que abrangem diálogos, negociações e reuniões restaurativas (mediações e círculos restaurativos). São práticas pelas quais, através da comunicação não violenta, os atores escolares refletem e discutem sobre o que motivou o conflito e quais foram as consequências na vida deles. Vamos nominar essas abordagens genericamente de práticas restaurativas.

Pelos recursos tradicionais, um aluno que pratica uma infração é punido, mas essa punição não provoca, em geral, uma reflexão sobre as causas que estão na origem do conflito. Através das práticas restaurativas, ao contrário, as partes são ouvidas e podem atacar as causas do conflito, restabelecendo o diálogo e prevenindo comportamentos semelhantes no futuro. O diálogo visando resolver o problema passa a ser uma ação educativa, pois todos os envolvidos, sem julgamentos prévios ou definições, passam a se responsabilizar e a criar uma solução para o caso.

Essa filosofia de trabalho é baseada na "Justiça Restaurativa", cujas práticas são usadas no mundo todo como meios alternativos para a resolução de conflitos de forma extrajudicial, com a participação dos envolvidos e de membros da comunidade. O modelo de "Justiça Restaurativa", que é incentivado pela Organização das Nações Unidas (onu), foi baseado e inspirado originalmente na prática dos indígenas maoris, da Nova Zelândia, e de outros povos da Ásia e da América. Esses povos têm por hábito, para a solução dos conflitos interpessoais, fazer reuniões para um amplo debate entre os envolvidos, destacando-se, principalmente, a discussão entre o agressor e a vítima, através da qual se busca uma restauração da relação entre ambos. Essas discussões muitas vezes contam com a presença e a ajuda de familiares, de amigos, de líderes comunitários e religiosos.

Nas escolas, o modelo começou a ser implementado em 1994, em Queensland, Austrália, por Margaret Thorsborne (Thorsborne e Blood, 2005). A partir de então, a prática dos círculos restaurativos vem ganhando cada vez mais espaço nas escolas de todo o mundo, com a abordagem de uma gama de conflitos escolares, desde os mais simples até os mais sérios. A finalidade da filosofia restaurativa nas escolas é a mesma da "Justiça Restaurativa", ou seja, restaurar a relação afetada pelo conflito, se possível com a reparação do dano causado à vítima. Em vez de culpar e punir, o foco é restaurar as relações entre as pessoas envolvidas no conflito, criando uma cultura de diálogo, respeito mútuo e paz. A prática permite o respeito e a conexão com os demais membros da escola e da comunidade, favorecendo o ambiente escolar.

As práticas restaurativas nas escolas refletem uma filosofia que abrange um conjunto de comportamentos, procedimentos e práticas proativas que buscam desenvolver as boas relações no espaço escolar. Essa filosofia demanda uma forte integração escola-família-comunidade e tem por objetivo a construção de relacionamentos eficientes nas escolas. Servem, ademais, para restaurar as relações rompidas e (re)conectar pessoas. As práticas restaurativas dão um destaque especial ao desenvolvimento de valores essenciais às crianças e aos jovens, tais como o respeito, a empatia, a responsabilidade social e a autodisciplina, como veremos ao longo do livro.

As práticas restaurativas são extremamente vantajosas, pois possibilitam mudanças diretas no campo das inter-relações. Elas levam aos envolvidos uma abordagem inclusiva e colaborativa, que resgata o diálogo, a conexão com o próximo, a comunicação entre os atores escolares, familiares, comunidades e redes de apoio. Elas nos levam a lidar com os conflitos de forma diferenciada: desafiando os tradicionais padrões punitivos, passamos a encarar os conflitos como oportunidades de mudança e de aprendizagem, ressaltando os valores da inclusão, do pertencimento, da escuta ativa e da solidariedade. São mudanças de modelos de cultura, de paradigmas e de práticas que permitem uma melhoria nos relacionamentos, contribuindo para a construção de cultura de paz nas escolas.

As práticas restaurativas e as regras escolares

A introdução da pedagogia restaurativa nas escolas não quer dizer que se vá abrir mão das normas e regras disciplinares existentes. As práticas restaurativas muitas vezes não excluem a necessidade do estabelecimento de outros limites e controles. As regras tradicionais da escola poderão ser mantidas em conjunto com as práticas restaurativas. Estas, por sua vez, naturalmente levarão os alunos ao melhor conhecimento e à compreensão dos princípios e das razões que levam às regras ou normas escolares de forma geral.

Entretanto, a ideia da pedagogia restaurativa é que os próprios alunos e professores construam coletivamente as regras escolares e montem um "regimento interno", no qual serão ressaltados os comportamentos inadequados. Quando o aluno ajuda a elaborar as regras às quais vai se submeter, ele passa a entender os princípios e as bases que a justificam, passando a respeitá-las mais, ao contrário do que acontece com as regras impostas. Busca-se partir da disciplina para a autodisciplina. Portanto, o ideal é que as normas e regras escolares nasçam sob as diretrizes e os princípios das práticas restaurativas.

Dessa forma, numa infração ao regulamento da escola, devem-se seguir as regras da própria escola, até que, aos poucos, as práticas restaurativas passem a ser uma filosofia a ser seguida. Tal situação não impede que o aluno já vá resolvendo os seus problemas e conflitos de forma colaborativa. Por isso, o aluno que se envolveu num conflito escolar, seja autor ou vítima, deve ser incentivado a solicitar a realização de uma reunião restaurativa para chegar a um acordo com a outra parte. A própria escola poderá oferecer-lhe a realização dessa reunião, em substituição a alguma penalidade a ser aplicada pelo regulamento da escola. Isso porque ao aplicar o regulamento escolar, vamos castigar pelas ações passadas, através de meios coercitivos e punitivos que em nada resolvem e apenas transferem o problema para a coordenação ou diretoria da escola. Substituir gradativamente esses regulamentos, que somente geram culpabilização e rotulação, ou ter recursos alternativos a eles, permitirá que o próprio infrator tenha uma postura proativa diante do ocorrido e da outra parte, pois nas reuniões restaurativas os envolvidos são convidados a falar sobre as suas ações e sobre as consequências delas advindas.

Os educadores, ainda que se sintam despreparados no começo, deverão aos poucos conviver e aplicar as práticas e as reuniões restaurativas, em razão das vantagens que elas possuem se confrontadas com os meios tradicionais. Assim, cada vez mais, vamos criando uma cultura para as práticas restaurativas, pois elas inequivocamente em muito contribuem para a melhoria do ambiente de convivência na comunidade escolar e para a vida de todos os atores escolares.

É previsível que os envolvidos no processo escolar resistam às substituições das punições tradicionais para as práticas restaurativas nos conflitos que envolvam alunos e alunos, alunos e professores e outros. Como anota Ednir (2007), "temos uma cultura punitiva na nossa sociedade que está presente também no Sistema Educacional, ainda que muito se fale da importância de se substituir gradativamente a heterodisciplina pela autodisciplina".

É compreensível que os organizadores da escola tenham dificuldades para construir as condições necessárias aos funcionamentos das reuniões restaurativas (espaços, horários, facilitadores, murais...), pois tudo dependerá da adoção de uma nova filosofia. Entretanto, é preciso que todos os envolvidos na escola compreendam a ineficácia do sistema punitivo e vislumbrem nas práticas restaurativas um novo caminho de convivência democrática e de (re)construção de relacionamentos.

Conforme anota Ednir (2007: 74), o conjunto alinhado do contexto, prática e lógica restaurativos possibilita: "a) transcender as dinâmicas da culpa, da vingança e do desempoderamento; b) conectar pessoas, transcendendo seus papéis como *vítima*, *testemunha* ou *ofensor*; c) executar ações construtivas em benefício mútuo, para restaurar o que foi quebrado ou ferido pelo conflito e prevenir a violência".

O quadro a seguir, adaptado de Ednir (2007: 69), faz um comparativo das culturas punitivas e restaurativas:

Área de atenção	Cultura punitiva	Cultura restaurativa
Foco de apuração	Identificar quem errou	Identificar necessidades não atendidas
Foco de resposta	"Reeducar", disciplinar à força	Restaurar harmonia dos envolvidos
Aspecto escolar	Manter o controle	Restabelecer o equilíbrio

A comunidade escolar, preocupada, poderá fazer as seguintes questões: mas não haverá mais punição? O aluno pratica uma falta grave e o que há é apenas uma conversa? O que fazemos com as regras escolares? Como acreditar em algo que nunca vi funcionando? Este é mais um daqueles projetos que começa e termina sem que saibamos direito o que é? (Ednir, 2007: 42). Também surgirá o argumento da falta de tempo na escola para trabalhar assuntos fora do currículo normal. Entretanto, aos poucos, os professores verificarão que é bem possível conciliar as práticas restaurativas como uma nova filosofia na disciplina escolar. Com o tempo, os envolvidos na realidade escolar notarão uma sensível melhoria nas relações e o impacto que isso tem na dinâmica de ensino-aprendizagem. Por isso, é preciso acreditar e ter paciência para verificar o potencial das mudanças. Ademais, os envolvidos no processo de construção das práticas restaurativas têm de estar cientes de que o processo não é rápido e de que deve ser construído gradualmente.

Outra pergunta que poderá surgir é a seguinte: tudo bem, as práticas funcionam para a maioria dos alunos, mas e o que fazer com aqueles alunos que já têm o comportamento mais comprometido e nada na escola funciona para eles, nem as formas punitivas e nem as restaurativas? Para esses casos, a ideia é que se busque o máximo de eficiência das práticas restaurativas, que funcionam bem até nos casos mais difíceis; entretanto, falhando estas ou não sendo suficientes, restará oferecer apoio e cuidados específicos para aquele aluno, junto à rede de garantia de direitos e proteção social (setor social, setor de saúde, Conselho Tutelar) ou mesmo acionar os meios policiais ou da Justiça. Algumas vezes as formas punitivas também terão que ser aplicadas.

As práticas restaurativas...

- ajudam os jovens no (re)descobrimento de sua autoestima e o valor que eles têm para si mesmos, para as suas famílias e para o mundo ao redor;
- são excelentes para que os jovens assumam a responsabilidade individual por seus comportamentos e por suas vidas;
- desenvolvem na criança e no jovem o pensamento crítico, as habilidades para solucionar problemas, a assertividade e a empatia pelos outros;
- melhoram as relações do ambiente escolar e as relações entre aluno e professor, aluno e sua família;
- melhoram o ambiente em sala de aula pela diminuição das tensões;
- desenvolvem um ambiente cooperativo e o senso de comunidade na escola;
- resolvem problemas que interferem no clima da escola e nos processos de educação, ao contrário dos métodos punitivos que pouco fazem para reduzir a reincidência ou os comportamentos negativos nas escolas;
- permitem mais tempo ao professor para cuidar dos afazeres para os quais foi formado.

Outro aspecto importante é que cada escola introduza as práticas restaurativas de forma alinhada com os costumes, as práticas, os valores e as crenças daquela respectiva comunidade. As mudanças devem ocorrer sem traumas e restaurativamente, como no dizer de Hopkins (2006: 43):

> [...] transformar uma escola, ou qualquer instituição, em um lugar onde a "Justiça Restaurativa" informa o modo como as pessoas interagem diariamente umas com as outras, é algo que precisa ser feito restaurativamente. Todos que serão afetados pela mudança devem ser envolvidos e sentir que seus pontos de vista são respeitados e levados em conta.

O correto, segundo Hopkins (2006), é que professores, funcionários, alunos e pais retomem ou criem a Visão e a Missão da escola, à luz dos valores restaurativos, contribuindo para a formação de um terreno comum, no qual poderá brotar uma cultura mais dialógica e menos punitiva. Segundo Ednir (2007), "definir coletivamente a visão da escola é convidar professores, funcionários, alunos e familiares a responder à seguinte questão: 'o que desejam que a escola seja no futuro?'". E a missão "são seus objetivos, metas e valores, acordados por seus agentes e expressos de forma sintética, para que possam ser comunicados direta e rapidamente a todos os interessados." (Ednir, 2007: 49).

Vamos destacar algumas dicas para a transição:

Preparando-se para a transição

Fazer a transição do sistema tradicional para as práticas restaurativas requer o uso de estratégias de curto, médio e longo prazo, em razão das tensões, das resistências e das dificuldades de compreensão do sistema. É importante a elaboração de planejamentos, calendários, metas e indicadores de mudanças.

Portanto, sugerimos que a escola promova as seguintes ações:

1) organize uma equipe para cuidar e liderar a implementação das práticas;

2) realize uma grande campanha de conscientização e depois mantenha essas campanhas periodicamente através de debates e palestras;

3) compreenda devidamente as resistências e mantenha o diálogo com os mais resistentes, através de abordagens também restaurativas junto a essas pessoas;

4) mantenha o regulamento, as regras e os procedimentos tradicionais, em paralelo com as práticas restaurativas, até que estas se consolidem;

5) pense que as mudanças efetivas e os efeitos mais positivos se consolidarão somente a partir de longos meses de práticas efetivas das abordagens restaurativas;

6) faça os trabalhos primeiramente com as pessoas mais interessadas;

7) faça balanços periódicos dos resultados alcançados e dos benefícios obtidos, compartilhando os respectivos dados;

8) incentive os colaboradores (coordenadores e voluntários) a se manterem conectados às redes e a participarem dos fóruns e dos encontros sobre práticas restaurativas;

9) não se esqueça de contar, o tempo todo, com voluntários e pessoas da comunidade;

10) tenha paciência: pesquisas comprovam que parte dos professores e dos pais querem mais intervenções punitivas, constituindo tal fato um grande obstáculo às mudanças.

Quadro comparativo entre as formas tradicionais e restaurativas de analise da infração escolar [montagem inspirada em Zehr (2008) e Pinto (2010)]

Visão punitiva tradicional	Visão restaurativa
1) A infração é definida pela violação ao regulamento escolar.	1) A infração é definida pelo dano ao outro e ao relacionamento (o dado é ao relacionamento).
2) Os danos da infração são definidos em abstrato.	2) Os danos da infração são definidos concretamente.
3) A escola é a vítima da infração.	3) Os atores escolares e os relacionamentos são as vítimas da infração.
4) Em regra, a escola e o ofensor são as partes na discussão sobre a punição.	4) Em regra, a vítima e o ofensor são as partes principais na discussão sobre o conflito.
5) As dimensões interpessoais são pouco ou nada relevantes no conflito.	5) As dimensões interpessoais são centrais no conflito.
6) O ofensor raramente tem participação no processo e é desestimulado ou proibido de dialogar com a vítima.	6) O ofensor participa do processo, interage com a vítima e tem a oportunidade de desculpar-se e sensibilizar-se com o trauma da vítima; o processo também estimula o arrependimento e o perdão.

7) A culpabilização é pelo ato transgressor ocorrido no passado (estigmatização).	7) A responsabilidade pela restauração ocorre numa dimensão social voltada para o futuro.
8) Desconexão da escola quanto às necessidades do ofensor, da vítima e da comunidade escolar afetada.	8) Compromisso com a inclusão e a restauração dos relacionamentos, estabelecendo conexões.
9) Modelo excludente.	9) Modelo culturalmente flexível (respeito às diferenças).
10) A penalidade tem foco principal no ofensor, para intimidar e punir.	10) O foco principal no processo refere-se às relações entre os envolvidos, para restaurar.
11) Possui penalizações que levam à estigmatização e à discriminação.	11) Leva ao pedido de desculpas, reparação dos danos, restituição, reparação dos traumas morais e emocionais – restauração, reintegração e inclusão; a pessoa, em vez de estigmatizada, torna-se protagonista.
12) Paz escolar com tensão; necessidade de disciplinar os comportamentos.	12) Paz escolar com harmonia; autodisciplina.
13) Vítima tem uma posição secundária no processo; fica sem participação, sem assistência e sem proteção.	13) Vítima tem um papel ativo no processo; recebe atenção e reparação.
14) Como a vítima tem uma posição muito secundária no processo, normalmente não é sequer ouvida sobre os fatos.	14) A vítima tem alguém para ouvi-la pacientemente (o mediador ou facilitador); pode dar informações detalhadas sobre o caso; tem a oportunidade de colher respostas sobre os fatos; tem a oportunidade de contar ao ofensor como o caso a afetou; tem a oportunidade de pedir a reparação pelo mal causado; tem a oportunidade de receber um pedido de desculpas.
15) O ofensor é apenas considerado pela sua falta.	15) O infrator é visto como alguém que errou e pode se redimir, responsabilizando-se pelos danos e consequências do ato; a visão é holística.
16) Os erros e as falhas geram culpa no ofensor e esta é indelével.	16) Os erros e as falhas geram obrigações para o ofensor (por exemplo, de pedir desculpas) e a culpa é redimida pelo arrependimento e pela reparação.
17) O ofensor responde pelos seus atos aceitando a advertência ou a punição; não tem responsabilidade sobre a resolução.	17) O ofensor responde pelos seus atos assumindo a responsabilidade por eles e pela resolução do problema.
18) O professor, num sistema caracterizado pela verticalidade das relações, ao ter problema de conflitos com os seus alunos, leva-os à diretoria e, em regra, não participa do desfecho do caso.	18) O professor pode também ser um protagonista, pois como membro da escola ou da comunidade poderá participar do processo restaurativo que envolva os seus próprios alunos.
19) Prevalência do individualismo e da competição, num resultado ganha-perde.	19) Os valores da reciprocidade e da cooperação são estimulados, possibilitando o resultado de ganha-ganha.

Atividades práticas para reflexão

Atividade 1: Discussão com os alunos sobre uma vida mais harmoniosa

Duração: a critério de cada educador.

Procedimento: faça um cartaz com os tópicos enumerados a seguir.

Junte a turma em grupos de cinco pessoas e peça a cada grupo para discutir um ou mais tópicos do quadro a seguir. Peça-lhes para que reflitam o quão importante seria seguir tais tópicos para uma vida mais feliz e harmônica. Em seguida, com toda a turma em círculo, peça a cada grupo para chegar a conclusões sobre as suas respectivas frases; promova com eles um debate sobre cada uma das frases, tentando compreender o significado, a importância e o alcance das expressões.

Dez maneiras para se viver em harmonia

(adaptado de "Dez maneiras para viver restaurativamente", de Howard Zehr, postado em seu blog em 27 nov. 2009. Disponível em: <http://emu.edu/blog/restorative-justice/2009/11/27/10-ways-to-live-restoratively> (tradução livre).

1) Leve a sério os relacionamentos, numa teia interligada de pessoas, instituições e meio ambiente.
2) Tente ser consciente do impacto – potencial e real – de suas ações sobre os outros e ao meio ambiente.
3) Quando as suas ações impactarem negativamente outras pessoas, assuma a responsabilidade de reconhecer e tentar reparar o dano – mesmo em situações nas quais você poderia fugir, evitando ou negando o ato.
4) Trate todos com respeito, mesmo aqueles que você não espera encontrar novamente, ou aqueles que você sente que não merecem ou que tenham prejudicado ou ofendido você ou outras pessoas.
5) Envolva as pessoas afetadas por uma decisão, tanto quanto possível, no processo decisório.
6) Veja os conflitos e os prejuízos na sua vida como oportunidades.
7) Ouça, profunda e compassivamente, as demais pessoas, buscando entendê-las, mesmo que você não concorde com elas.
8) Dialogue com os outros, mesmo quando o que está sendo dito está difícil, permanecendo aberto a aprender com os outros e com o encontro.
9) Seja cauteloso na imposição de suas "verdades" e opiniões sobre outras pessoas e situações.
10) Tenha sensibilidade para enfrentar as injustiças diárias.

Atividade 2: Vivenciando uma escalada de conflitos (atividade adaptada de Lieber, 1998: 91)

Fase 1: Pergunte aos alunos o que eles ouvem e o que eles veem quando há um conflito. Divida o quadro em duas partes e numa parte coloque o que eles disseram que ouvem (gritos, palavrões, insultos, choros, linguagem de baixo calão, interrupções etc.) e na outra, o que eles disseram que veem (dedo apontado para o outro, expressão de raiva na face, confrontação, luta física etc.).

Explique aos alunos que um conflito entre duas pessoas, se não for gerenciado, pode crescer e intensificar.

Fase 2: Peça aos alunos para que fiquem em grupos de três e explique-lhes que farão uma atividade visando refletir sobre uma escalada de conflitos. Em cada grupo, os alunos 1 e 2 simularão o conflito e o número 3 irá observá-los. Em seguida passe as seguintes instruções:

Para o número 1: Na hora do lanche você está na cantina da escola com uma blusa branca e nova, que a sua mãe não gostaria que você utilizasse na escola. Enquanto você conversa com um amigo...

Para o número 2: Você chega à cantina com pressa, pede um suco de laranja, que logo é servido e sai rapidamente. Ao sair você esbarra acidentalmente na pessoa número 1 e derrama uma boa parte do suco de laranja em sua blusa branca e nova, manchando-a.

Para o número 3: O seu trabalho será observar o conflito para depois relatar como cada pessoa fala e age durante o incidente, gerando uma escalada no conflito.

Em seguida peça aos trios para simularem o que ocorreu depois, dando-lhes uns três minutos para a interação. Pare as atividades e peça aos observadores para relatarem o que aconteceu nas simulações, tanto na linguagem falada, como na linguagem corporal, mostrando as escaladas dos conflitos.

Alguns passos que deverão ser comumente identificados, como por exemplo:

1) Um culpou o outro;
2) O responsável não pediu desculpas e se retirou;
3) O responsável pediu desculpas e não foi desculpado;
4) Eles acabaram conversando e chegaram a um acordo etc.

Fase 3: Faça com toda a turma uma reflexão conjunta sobre a melhor forma de resolver pacificamente o incidente, pedindo sugestões aos alunos, sempre lembrando da importância do diálogo e do uso da não violência.

Outras questões para reflexão (individual ou em grupo):

1) Se você tiver um desentendimento com alguém e perceber que a pessoa está completamente errada, o que você faz? Recua? Concorda com a pessoa para encerrar a discussão? Discorda e insiste na discussão? Ofende a pessoa? Parte para a briga?
2) Há muita violência em sua escola? O que cada aluno pode fazer para ajudar e evitar que os conflitos partam para a violência? O que as escolas podem fazer para ajudar a evitar a violência?
3) Como é possível controlar as emoções? Que tipo de situações tornam as suas emoções incontroláveis? Quais são as coisas que podemos fazer para controlar as nossas emoções?

Mecanismos reguladores da convivência escolar e disciplina restaurativa

Diante da desafiadora realidade, é necessário que a escola fortaleça, cada vez mais, os mecanismos autorreguladores de convivência escolar, estabelecendo bases normativas fortalecidas por práticas restaurativas informais.

A ideia é que a escola aproveite ao máximo as práticas restaurativas informais e, se esse nível de intervenção falhar, parta para um nível de intervenção maior. Partimos das ideias de John Braithwait, que concebe um modelo de pirâmide para tratar da questão: ao longo de três níveis, diferentes esforços preventivos formam uma quantidade contínua de respostas, nos níveis primário, secundário e terciário (apud Morrison, 2005: 304).

O nível primário de intervenção se dirige a todos os membros da escola. Nele, a comunidade escolar desenvolve mecanismos de defesa e o conflito surgido não passa para a violência. Todos os membros da escola são treinados para desenvolver competências emocionais e sociais para prevenir e solucionar diferenças de forma construtiva e restaurativa.

Segundo Braithwait (apud Morrison, 2005: 304), o nível secundário foca o indivíduo de forma específica e os grupos dentro da comunidade escolar. Nesse nível de intervenção, o conflito se prolongou e envolveu ou afetou um número maior de pessoas, exigindo a intervenção de um facilitador para trabalhar a mediação, ou dos círculos de resolução de conflitos.

Por fim, ainda conforme Braithwait, o nível terciário exige uma maior participação de pessoas da comunidade escolar visando soluções restaurativas, pois o conflito tornou-se mais sério. Nesse nível, as intervenções e práticas se destinam a estudantes que já desenvolveram problemas mais graves e intensos de comportamento, num percentual relativamente pequeno de alunos, em regra não chegando a 5% do universo escolar (apud Morrison, 2005: 304). Vejamos a pirâmide abaixo, adaptada de Morrison (2005):

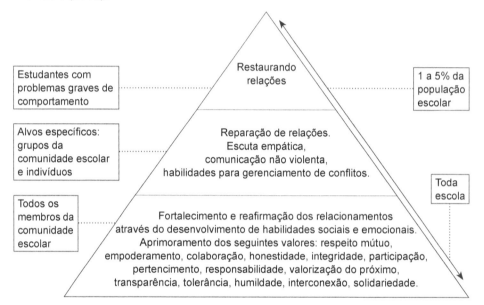

Todos os estudantes que recebem a intervenção no nível terciário também recebem a do nível secundário e a intervenção primária. As práticas da disciplina restaurativa abrangem indistintamente todos os alunos, com intervenções mais individualizadas voltadas àqueles estudantes com problemas de comportamentos, visando conectá-los à comunidade escolar. Conforme ensina Morrison (2005: 305), o foco das intervenções primárias está em reafirmar as relações, o foco de intervenções secundárias está em reconectar relações e o foco de intervenções terciárias está em consertar e reconstruir relações.

A nossa proposta: partir desse *continuum* de intervenções e sugerir práticas restaurativas proativas

As práticas restaurativas abrangem um conjunto de processos que vão desde o diálogo restaurativo até a formação dos círculos restaurativos e possuem uma gama de respostas: melhorar o relacionamento entre os atores escolares; trabalhar a cooperação escolar; aperfeiçoar a comunicação e o diálogo entre os atores; realizar negociações, mediações, círculos restaurativos, entre outras. Para a condução das nossas reflexões e a fim de melhorar o entendimento, vamos abordar esses níveis de intervenção separadamente.

Num primeiro momento, vamos dar ênfase à construção de uma base forte no nível primário, que fundamenta uma quantidade contínua normativa de regulamentos pela comunidade escolar. Nesse nível, deve-se buscar um trabalho proativo de construção de uma comunidade escolar segura, democrática e respeitável; ao mesmo tempo, essa comunidade escolar é sensível e reagirá quando as coisas estiverem erradas. Por isso, devemos trabalhar juntos, encorajando as crianças e os jovens a tornarem-se responsáveis por seus comportamentos e a trabalharem com os professores desde o início.

Vamos, depois, abordar formas restaurativas de resolução de conflitos, indistintamente, para abranger tanto os níveis secundário e terciário, preconizados por Braithwait. Ou seja, vamos levar em conta que, ao falharem as sugestões do nível primário e com o acirramento do conflito, partiremos para as reuniões restaurativas visando à solução de conflitos, independentemente do perfil do aluno ou do grau de infração. Vamos considerar tais níveis como um único, pois a partir do momento em que falhar a intervenção primária e tivermos o acirramento do conflito, faremos uso das reuniões restaurativas (mediações e círculos restaurativos) para a solução do problema.

A nossa proposta:

1) Uso das práticas restaurativas nas escolas em dois níveis: primário e secundário.

2) O nível primário buscará a melhoria do relacionamento escola-família-comunidade, o fortalecimento do diálogo entre todos, a promoção da melhoria do ambiente escolar, a comunicação não violenta e as atividades pedagógicas restaurativas. Será destinado a reafirmar as relações.

3) O nível secundário será usado para a restauração e reparação das relações através da comunicação não violenta, com o uso do diálogo restaurativo e das reuniões restaurativas (mediações e círculos restaurativos). O foco do nível secundário está em reconectar, consertar e reconstruir as relações.

Atividades práticas para reflexão

Atividade 1: Dinâmica do desafio

Objetivo: essa é uma dinâmica simples, destinada a "quebrar o gelo" no grupo e mostrar o quanto temos medo dos desafios. Pode ser feita no primeiro encontro do grupo encarregado de implementar o "Círculo Restaurativo" na escola. A dinâmica serve para percebermos o quanto temos medo de desafios, pois observaremos como as pessoas têm pressa de passar a caixa para o outro. Além de "quebrar o gelo", a brincadeira, simbólica evidentemente, mostra que devemos ter coragem de enfrentar os desafios da vida, por mais difíceis que sejam, pois no final poderemos ter uma feliz surpresa e o esforço sempre compensará.

Materiais: caixa de bombom, com bombons, dentro de uma caixa de sapatos.

Duração: a critério de cada educador.

Procedimento: colocar uma música animada para tocar, montar um círculo com os participantes e ir passando uma caixa no círculo. Explica-se aos participantes que essa é apenas uma brincadeira e que dentro da caixa há uma ordem para quem ficar com ela quando a música parar. A pessoa que vai dar o comando deve estar de costas para não ver quem está com a caixa ao parar a música.

Após começar, o coordenador faz um pequeno suspense, para a música e faz perguntas, tais como: "Você já está preparado?", "Você vai ter que pagar o mico viu, seja lá qual for a ordem, você vai ter de obedecer, quer abrir? Vamos continuar?" Inicia-se a música novamente e a caixa vai passando, pode-se fazer isso por algumas vezes, e na última vez avisa-se que agora é para valer e quem pegar a caixa vai ter de abrir.

Na última vez, o coordenador dá a ordem de parada e o felizardo que estiver com a caixa deverá abri-la. Em vez do mico, a pessoa vai ter uma agradável surpresa, pois encontrará a caixa cheia de bombons, com uma ordem: "coma um chocolate". Poderá, então, comer o chocolate e dividir os demais bombons com o grupo.

Atividade 2: A mudança muda as pessoas

Objetivo: esse exercício quebra o gelo e possibilita aos participantes refletir sobre o processo de mudança.

Duração: a critério de cada educador.

Procedimentos: o grupo será dividido em pares, com um de frente para o outro. Pede-se aos participantes que deem uma boa olhada no companheiro que se encontra à sua frente.

Em seguida, solicita-se que fiquem virados de costas um para o outro e mudem alguma coisa em si. Por exemplo: soltem o cabelo, tirem o colar.

Após alguns segundos, todos voltam a ficar de frente para os seus pares e tentam adivinhar o que o outro mudou nele mesmo.

Isso acontece diversas vezes, aumentando a velocidade.

As mesmas duplas vão discutir sobre seus sentimentos e sensações durante a atividade. Depois de cinco minutos, respondem a pergunta num intervalo máximo de 10 minutos: "Para vocês, mudar é..."

Convidar o maior número possível de duplas para compartilharem suas respostas num intervalo máximo de 10 minutos.

Possíveis temas para discussão:

1) mudar não é somente tirar coisas, mas também agregar;
2) ter que mudar o tempo todo nos incomoda, pois nos retira da nossa zona de conforto.

NÍVEL PRIMÁRIO DE INTERVENÇÃO: PRÁTICAS RESTAURATIVAS INFORMAIS

Partindo das ideias de Brathwait (apud Morrison, 2005: 303-4), no nível primário de intervenção, o projeto inicial é que a escola aproveite ao máximo as práticas restaurativas informais. Para tanto, a escola deve cercar-se de mecanismos de prevenção e de defesa para evitar os conflitos ou, uma vez surgidos, para que estes não se transformem em violência.

Nesse nível de intervenção, várias são as frentes de atuação e vários são os desafios a serem superados. Há a necessidade do treinamento de todos os membros da escola para o desenvolvimento de competências emocionais e sociais para evitar a indisciplina e prevenir os conflitos escolares de forma construtiva e restaurativa. Sugerimos alguns pontos imprescindíveis, como veremos nos próximos tópicos: melhoria e construção de um ambiente escolar pacífico; uso de dinâmicas ou de atividades pedagógicas úteis às práticas restaurativas; a importância da comunicação construtiva e restauradora, com o uso cotidiano da comunicação não violenta; e o incentivo aos alunos para a permanente construção do consenso direto, através do diálogo e de dicas de negociação.

Melhorar e construir um ambiente escolar pacífico

A escola é o local do processo de construção coletiva e permanente da formação da pessoa. Por isso, é o lugar adequado para se trabalhar com os valores, com as atitudes e com a formação de hábitos que permitam a conscientização contínua dos alunos sobre a sua importância e o seu papel no contexto familiar, escolar e social.

Uma boa forma de aumentar a motivação e a participação dos alunos na escola é o educador planejar atividades, curriculares ou extracurriculares, baseadas num contexto de vivência dos alunos e de suas realidades sociais, permitindo que a perspectiva do aprendizado seja também do aluno e não somente do educador.

Se os educadores motivarem os seus alunos para a sua área de conhecimento e conseguirem relacionar e entrosar os conteúdos de sua área pedagógica com habilidades para a prevenção e a resolução pacífica de conflitos, automaticamente estarão trabalhando para minimizar a indisciplina e a violência escolar. Isso porque um bom ambiente escolar é alcançado com motivação, respeito ao próximo e às diferenças, valorização pessoal de cada aluno, melhorias da autoestima, comportamentos de trocas, de solidariedade e, sobretudo, através do diálogo constante.

A seguir, algumas dicas aos educadores e agentes escolares para a melhoria e a construção de um ambiente escolar mais pacífico e restaurativo.

Fazer contínua reflexão sobre a construção de um ambiente escolar pacífico e restaurativo

a) O educador deve mostrar aos alunos que, assim como a sociedade, a escola deve ter as suas regras próprias. Aliás, para tudo existem regras na vida. É importante que o educador, os alunos e, se possível também os pais, criem as regras do convívio escolar logo nas primeiras aulas, embora essas possam ser estipuladas a qualquer tempo. A construção das regras deverá ser feita com a participação de todos. As regras devem ser claras e deverão constar de um "regimento interno", no qual os comportamentos inadequados deverão ser identificados, para que sejam evitados.

Quando o aluno ajuda a elaborar as próprias regras, às quais vai se submeter, ele passa a respeitá-las mais, pois elas tornam-se mais justas, ao contrário de regras impostas. O que se propõe é que a discussão em grupo ajude na elaboração de soluções comportamentais para o próprio grupo.

Nessas discussões acerca das regras, o educador precisa dialogar sobre as finalidades da escola e sobre as limitações existentes na escola e na sociedade, para que os alunos possam refletir sobre o que a escola e a sociedade esperam deles. É preciso fazer um pacto de convivência escolar com todos para que o desempenho nas aulas possa melhorar.

Qualquer trabalho nesse nível de intervenção preventiva deve ter um plano de ação bem definido, com objetivos precisos e alcançáveis. Deve haver um planejamento e um pacto de boa convivência, cujas regras e comportamentos em sala de aula sejam definidas e seguidas pelo grupo.

b) É importante que fique claro a todos que naquele local deve sempre prevalecer um relacionamento de respeito mútuo, de colaboração e de afeto entre os educadores e os alunos. Essa deve ser a filosofia mestra de cada unidade escolar. Um relacionamento em que prevaleçam esses valores levará a um maior intercâmbio entre alunos e educadores; a uma maior conexão e maior vínculo entre todos, atingindo até aqueles alunos mais arredios.

c) Cada educador deve planejar pelo menos uma atividade descontraída ou uma dinâmica de grupo circular para realizar periodicamente. Essa atividade pode ser feita com os alunos e, ainda que dure poucos minutos, ela propiciará integração e relaxamento, melhorando a convivência escolar.

d) Nos intervalos escolares e nas atividades extraclasses, o educador deve fazer uso de atividades que permitam o relaxamento, o lazer e a diversão. Por isso, recursos como músicas de boa qualidade, teatro, saraus poéticos, danças, entre outros, são muito úteis para uma boa harmonização do ambiente escolar.

Desenvolver trabalhos contínuos sobre ações não violentas e de educação para a paz

a) Planeje com a direção da escola a realização de uma semana da paz e de prevenção à violência, quando poderão ser realizadas atividades com filmes, músicas e poesias; palestras; dinâmicas de grupo; elaboração de cartazes; gincanas da paz; jogos cooperativos; atividades de dança, de relaxamento, de música etc.

b) Promova cursos e palestras frequentes. Com a ajuda de profissionais convidados (líderes comunitários, delegados, juízes, promotores, jornalistas, sindicalistas, médicos, sociólogos, psicólogos, assistentes sociais etc.), a escola deve realizar cursos e debates sobre temas como preconceito, Estatuto da Criança e do Adolescente, drogas, direitos humanos, paz, violência etc.

c) Mantenha o hábito diário entre os alunos de estabelecer doses rápidas de reflexão, que podem ser feitas com pensamentos, frases, provérbios e máximas, colocadas no canto do quadro ou nas paredes da sala, todas elas retratando otimismo e positividade nas condutas. Igualmente, podem ser utilizados clipes, vídeos, músicas e leituras que estimulem a reflexão sobre valores.

d) Incentive as competições e gincanas esportivas, atividades que devem ser exercidas com frequência nas unidades escolares. A atividade esportiva tem um grande potencial positivo na formação das crianças e dos jovens. Manter calendários de jogos, principalmente jogos cooperativos e gincanas, ajudará na socialização e na construção de um ambiente pacífico. As atividades esportivas, principalmente em equipe, estimulam a cooperação, o convívio com as regras e a vivência de sentimentos como a vitória e o fracasso, o ganho e a perda, cujos resultados são importantes para o desenvolvimento de várias competências e valores nas crianças e nos jovens, e essenciais para as relações interpessoais e para a inserção social.

Aperfeiçoar os espaços democráticos no sistema escolar, fortalecer a cidadania, o protagonismo juvenil e a integração com a comunidade

a) Realização de atividades com os pais de alunos e com a comunidade: os pais de alunos e a comunidade devem se sentir parceiros na educação, no processo de aprendizagem dos alunos e no trabalho de prevenção à violência escolar. A criação de conexões e vínculos com a comunidade deve ser constante. Reuniões, conselhos, atividades conjuntas escola-comunidade; a abertura da escola para a comunidade em eventos planejados ou para o uso da biblioteca ou da internet criam coesão, parcerias e vínculos efetivos entre a escola e a comunidade.

b) Além disso, a escola deve promover atividades que aumentem o elo com a comunidade. Dentre elas: eventos para o lazer e para a integração, com a participação de todos; apresentação, na escola, de atividades e shows de grupos populares do bairro ou da cidade; a abertura à comunidade para a apresentação de atividades e eventos escolares rotineiros. Nos eventos deverão ser trabalhadas atividades de não violência e de busca da paz.

Nesse contexto, a abertura da escola para a comunidade durante os fins de semana é essencial. Baseando-se em estudos, a Unesco concluiu filosófica e cientificamente que a abertura das escolas para a comunidade propicia uma base sólida para a integração escola-comunidade e permite um ambiente profícuo para a construção da paz nas escolas. Muitas vezes, em comunidades mais desassistidas, a escola acaba sendo o único espaço de lazer e integração para as crianças e os jovens.

c) Promover, dentro do possível, atividades paralelas que possam ser úteis aos pais dos alunos, tais como cursos de economia doméstica, tricô, crochê, marcenaria, primeiros socorros, jardinagem, culinária etc., como forma de aumentar o elo da escola com a comunidade. Esses cursos poderão ser promovidos com a ajuda de empresas ou da própria comunidade. Vendo os seus pais envolvidos com a escola, os alunos, cada vez mais, valorizarão a instituição escolar.

d) Realização de ações de solidariedade junto à comunidade: a unidade escolar deve incentivar as visitas agendadas de educadores e alunos a locais diversos da comunidade, tais como asilos, creches, instituições que cuidem de portadores de necessidades especiais, centro de recuperação de químico-dependentes, residências e vilas etc. Nesses locais, os alunos podem apresentar peças de teatro, contar ou ler histórias, realizar atividades de recreação, entre outras. Tais programas permitem que os alunos se sintam mais valorizados, com a real melhoria da autoimagem no contexto escolar.

e) A escola deve valorizar, incentivar e centrar as suas atenções naqueles alunos que são vítimas da família, da sociedade e de pessoas da própria escola e que muitas vezes são os mais problemáticos. Em vez de criar um clima de exclusão, o caminho deve ser oposto, o da inclusão.

f) A escola deve sempre garantir aos alunos espaços para a reivindicação de suas necessidades, permitindo sugestões escritas de diversas formas, como, por exemplo, numa "caixa de sugestões", onde os alunos colocarão, de forma identificada ou não, as suas reclamações e sugestões.

g) A existência de um mural para a afixação das novidades da semana, veiculadas através de um jornal-mural, é um excelente meio de comunicação e integração entre os alunos, professores e comunidade. Ele pode veicular as notícias sobre fatos ocorridos na semana; sobre pesquisas; fotos; novas ideias etc.

NÍVEL PRIMÁRIO DE INTERVENÇÃO

Aprimorar as relações humanas, o diálogo e a cooperação entre todas as pessoas da comunidade escolar

a) Os educadores devem ter um constante diálogo com os pais sobre o comportamento dos alunos, seja através das reuniões periódicas, seja através de pequenos questionários que deverão ser respondidos pelos genitores. A participação dos pais ajudará na mudança comportamental do aluno. Os pais deverão estar cientes da necessidade dessa colaboração. Eles podem ser treinados pelos profissionais da escola a desenvolver habilidades e competências para dialogar e acompanhar mais a vida escolar dos filhos. O acompanhamento é essencial e algumas questões (que poderão ser enviadas por escrito e de forma periódica aos pais ou responsáveis) ajudarão na reflexão conjunta: o aluno tem mudado de postura, e o comportamento com a família e amigos está melhor? Essas mudanças o tornaram mais paciente e menos agressivo? O aluno tem sido cooperativo e bom? O aluno tem tido mais criatividade e mais desejo de aprender?

b) Deve haver aceitação e apoio à cultura dos alunos. A escola deve absorver e incentivar as manifestações e expressões culturais dos alunos, como a música rap, a capoeira, as danças folclóricas regionais, a música brasileira em geral (MPB, samba, pagode, forró etc.), procurando demonstrar que a escola é um centro de eventos da comunidade. Nesse ponto, a música, em particular, é uma poderosa ferramenta de integração entre todos da comunidade escolar.

c) Uso da linguagem construtiva. O educador deve elogiar o aluno que agiu corretamente, ressaltando os aspectos positivos de conduta, mas deve também dar atenção e comunicar-se em linguagem construtiva com aquele aluno mais difícil, mostrando vontade em dar-lhe apoio, atenção e ajuda. Pequenos gestos podem gerar grandes resultados.

d) Assim como a escola, os educadores também deverão dar uma atenção diferenciada aos alunos considerados mais difíceis. Ao dar-lhes mais atenção, ao dizer a eles que espera deles mais cooperação e apoio, o educador despertará mais comportamentos positivos e ajudará a integração daquele aluno.

e) A escola deve ainda: assegurar que as relações entre alunos, funcionários e educadores sejam positivas; fazer com que os alunos sejam tratados com igualdade; ajudar os alunos a expressarem os seus sentimentos; dispor de um sistema de encaminhamento, para os setores competentes, de crianças e jovens vítimas de quaisquer tipos de violência; identificar problemas ligados à violência e saber apontar caminhos e soluções.

Construir salas de aula pacíficas e restaurativas

a) **A importância do uso do círculo nas atividades escolares**
A escola deve exercer um papel humanizador nos seus alunos e deve ser o centro irradiador do aprendizado da cidadania, da aquisição de conhecimentos, da

resolução pacífica de conflitos, do aprendizado de valores em direitos humanos e da paz. A proposta básica é o desenvolvimento de atividades práticas que constituam um espaço de construção coletiva do saber e de análise da realidade social através da reflexão, do confronto de ideias e do intercâmbio de experiências entre os participantes.

Nesse contexto, usar o círculo em sala de aula, no dia a dia, como formas de dinâmica de grupo ou não, é uma excelente ferramenta pedagógica. O círculo é um importante meio de estabelecer uma ligação visual entre os alunos. Para as abordagens restaurativas e para a educação para a paz, o uso das formas circulares é fundamental e tem ótimos resultados. Quanto mais largamente usado nas escolas, melhor será o relacionamento entre os alunos, a disciplina e o ambiente escolar. Por isso é sempre importante possuir um espaço especial ou uma maneira rápida de formar um círculo em sala de aula, seja no chão ou com cadeiras.

Ao longo da minha experiência, vivenciei a força do círculo no processo educativo e na dinâmica restauradora do conflito: durante o período como professor, periodicamente realizava atividades em círculos com os alunos; como coordenador pedagógico trabalhava com os professores através de dinâmicas circulares; no meu trabalho como promotor de justiça, principalmente na área da Infância e Juventude, sempre fui adepto das audiências circulares com as vítimas e ofensores. Em Timor Leste, ao vivenciar os círculos restaurativos e as danças primitivas, efetivamente, percebi o significado dos círculos para acolher diferentes pessoas e povos, para compartilhar culturas diversas e para reaproximar a razão e a emoção, o erro e o perdão, integrar a alegria e construir a união.

Em todas as sociedades, o círculo aparece como dinâmica integradora em diversas manifestações populares, como as danças circulares e cantigas de roda. Os círculos democratizam o conhecimento e implementam a integração.

O filósofo e educador Paulo Freire foi um grande adepto dos círculos. Ele foi o incentivador dos Círculos de Cultura, cuja ideia principal é reunir pessoas num círculo e buscar, através do diálogo, o elemento fundamental do processo educativo. Para ele, o círculo proporciona riqueza no encontro entre pessoas que se dedicam às atividades pedagógicas e a outras vivências culturais e educacionais.

No livro *Educação como prática da liberdade*, ele faz a seguinte explicação sobre os Círculos de Cultura (Freire, 1983: 103):

> Em lugar de escola, que nos parece um conceito, entre nós, demasiado carregado de passividade, em face de nossa própria formação (mesmo quando se lhe dá o atributo de ativa), contradizendo a dinâmica fase de transição, lançamos o Círculo de Cultura. Em lugar do professor, com tradições fortemente doadoras, o Coordenador de Debates. Em lugar de aula discursiva, o diálogo. Em lugar de aluno, com tradições passivas, o participante de grupo. Em lugar dos pontos e de programas alienados, programação compacta, reduzida e codificada em unidades de aprendizado.

O círculo é ótimo para as atividades pedagógicas e para o ambiente pacífico e restaurativo porque ele não faz distinção ou divisão entre os participantes. Ele é agregador, conecta as pessoas, possibilita uma boa comunicação e evoca a horizontalidade nas relações. Além disso, o simples funcionamento de um círculo (seja de leitura, de discussão, de reunião, de restauração de conflitos ou outro qualquer) trabalha valores essenciais como a participação, o respeito, o senso de pertencimento, a interconexão, a escuta empática, o empoderamento, a interdependência, a integração das diferenças, a solidariedade, entre outros.

Como anota a educadora americana Jeannette Holtham (2009: 61), há diversos meios para usar os círculos: eles podem ser usados como atividades para quebrar o gelo; para acalmar inevitáveis desacordos ou discórdias; para repelir equívocos, desavenças, raivas ou violências em potencial; ou para construir e restaurar relações. Ela sugere o uso dos círculos na educação para fins diversos, entre outros: a) para dar as boas-vindas para um estudante novo; b) para promover o respeito pela diversidade entre os alunos; c) para a preparação dos alunos para algum evento; d) para reflexões em geral; e) para a revisão de lições; f) para a solução de problemas; g) para a construção da paz; h) para discutir responsabilidade comunitária; e, sobretudo, para i) ouvir vítimas, ofensores e demais envolvidos num conflito (Holtham, 2009).

Os círculos permitem, ainda, que os estudantes tímidos e que raramente falam, passem a se expressar. Por isso, os educadores devem desenvolver periodicamente atividades em círculo, de forma a permitir que os mais inibidos se expressem, estimulando a inclusão e a criando a noção de pertencimento. Os círculos auxiliam também aqueles que falam muito e ouvem pouco a aprender a ouvir as demais opiniões.

Diversos podem ser os tipos de círculos, entre outros: a) círculo simples: com as cadeiras em círculo, é possível todas as pessoas envolvidas na reunião olhem umas para as outras e tenham uma visão inteira do grupo. O coordenador pode ficar numa cadeira juntamente com os demais ou ficar no meio; b) círculo em forma de "U": nesse formato, o coordenador fica na ponta do "U" de forma a ver todos os estudantes; c) duplo círculo: esse tipo de círculo pode ser usado quando a sala é pequena ou o número de alunos é grande, bem como para as discussões com a classe toda.

Uma experiência interessante de círculo que tem sido usado, de maneira formal ou informal, por educadores é a "roda de conversa", que é uma excelente ferramenta integradora dos alunos e uma ótima metodologia, que incentiva a participação e a reflexão sobre os temas abordados. Na "roda de conversa" a construção do diálogo pode ser livre e informal ou pode ser direcionada a algum tema. Na roda, técnicas de dinâmica de grupo podem ser introduzidas. Os participantes do círculo assumem uma postura de escuta e circulação da palavra.

b) **Usar em sala de aula atividades pedagógicas restaurativas**

1) **Dinâmicas de grupo:** realizadas principalmente em círculos e de preferência com toda a classe, além de poderosas ferramentas pedagógicas, são importantes para prevenir os conflitos, pois ajudam na produção do diálogo e do "agir criativo". Além disso, permitem identificar e analisar potenciais conflitos entre as pessoas.

2) ***Brainstorming:*** o *brainstorm* é uma palavra em inglês que significa "tempestade mental". A dinâmica ou técnica do *brainstorm* tem por objetivo a exploração das várias ideias, estimulando o raciocínio criativo, de forma a obtermos as melhores ideias e soluções num curto período de tempo, focalizando determinado assunto. É uma técnica criativa que permite várias aplicações. Eis as regras do *brainstorm*: é proibido criticar durante a fase de geração das ideias; todas as ideias são aceitas e anotadas; o exercício é rápido; nenhuma ideia tem um dono; após a fase de geração das ideias, passamos à fase de avaliação.

Pode-se usar essa técnica, por exemplo, para desenvolver nos alunos, com base nas suas experiências, a percepção do que é um conflito e fazer as comparações com os diversos tipos de conflitos, preparando-os para que descubram também as suas formas de resolução.

3) **Pesquisas individuais e em grupo:** as pesquisas, individuais e em grupo, também são muito sugeridas, pois não há como instigar a reflexão e o aprendizado sobre cidadania, resolução de conflitos, violência e paz, se o aluno não interagir com o mundo que o cerca.

As pesquisas em jornais e revistas são fundamentais para a criação do espírito crítico em relação à violência e ao desrespeito aos direitos humanos; servem para despertar o interesse para uma maior cooperação, solidariedade e participação social.

4) **Uso de filmes:** dentre as atividades, uma dica constante é o ensino e a reflexão dos temas por meio de filmes, do que pode ser uma experiência envolvente e bem-sucedida. Os filmes acabam expressando, de forma prática, os assuntos desenvolvidos em sala de aula e devem ser utilizados para mostrar a reconstituição do tema tratado.

Um filme serve para ilustrar, confirmar ou mesmo negar a atividade que está sendo trabalhada em sala de aula e deve, portanto, ser utilizado como instrumento a serviço da reflexão (veja mais comentários sobre atividades com filmes no Apêndice H).

5) **Uso de simulações e jogos dramáticos:** a escola deverá incentivar reflexões e atividades pedagógicas restaurativas desenvolvendo simulações e jogos dramáticos de situações reais ou imaginárias ou, também, discutindo assuntos de interesse geral da comunidade escolar.

6) **Outras atividades que também podem ser ótimas ferramentas:** jogos cooperativos, teatro, músicas, narrativas de histórias, leituras dirigidas, artes manuais, culinária, entre outras. Para a integração, a cooperação e o diálogo entre os alunos essas atividades são simples e práticas e enriquecem o estudo e a reflexão dos temas relacionados aos valores, a não violência e ao gerenciamento pacífico de conflitos, transformando os assuntos discutidos em situações simples e práticas do cotidiano.

c) **Comunicação positiva e restauradora no dia a dia da sala de aula: sugestões para o educador**

A comunicação é o processo pelo qual dois seres humanos trocam informações entre si; pressupõe a existência de um "emissor", de um "receptor" e de uma "mensagem". Todas as atividades humanas estão relacionadas às comunicações e, sem dúvidas, um grande número de problemas que surgem entre as pessoas pode estar ligado à ausência de uma boa comunicação.

O educador é um comunicador por excelência. Faz uso da expressão oral e corporal todo o tempo e por isso precisa ser um bom comunicador. Comunicar-se bem não é somente transmitir ou receber bem as mensagens. Quem inicia uma conversa deverá procurar o retorno da outra pessoa para saber se a mensagem foi recebida e compreendida. Portanto, comunicação é troca de entendimento e por isso deve haver um "canal" para que o emissor e o receptor processem a comunicação nos dois sentidos. Além das palavras, temos também outros elementos. A palavra dá forma aos pensamentos e ao que pretendemos transmitir, mas também nos comunicamos através das emoções, através do sorriso, do olhar, do vestuário, do gesto, entre outros fatores, que muitas vezes são mais relevantes que as próprias palavras.

Sabemos das dificuldades concretas que os educadores têm no dia a dia. Mas é inegável que eles devem aperfeiçoar a comunicação positiva e o relacionamento construtivo visando à melhoria das relações interpessoais. A comunicação positiva é persuasiva e igualitária. Ela permite que a linguagem seja menos impositiva e excludente.

Nesse pensar, o ideal é que o educador: a) seja um bom comunicador e utilize-se de uma linguagem clara e assertiva; b) comunique-se com energia. A energia de um bom comunicador transmite vitalidade e entusiasmo; c) apresente-se com calma; d) mostre simpatia; e) mostre-se disposto a ajudar nos problemas dos alunos, ou seja, tenha comprometimento com o que faz; f) tenha bom trato em sala de aula; g) possua sentido de justiça; h) responda com eficácia e bom senso às dificuldades que surgem; i) saiba trabalhar e gerir as reclamações; j) saiba gerir os conflitos, mantendo uma atitude positiva e ponderada; l) tenha uma boa apresentação; e m) seja um bom gestor do tempo.

Uma boa comunicação em sala de aula será capaz de levar o educador a exercer várias funções e a gerar importantes benefícios, entre outros: recepcionar, ouvir, informar, orientar, filtrar, amenizar, agilizar, mediar e solucionar. O educador deve se lembrar de que as palavras não somente têm um grande poder, como também podem causar um impacto duradouro; atuando com uma linguagem positiva, é mais provável que o educador obtenha cooperação, em vez de confrontação ou indisciplina.

Experiências demonstram que o uso cotidiano de uma linguagem positiva interfere diretamente no bom relacionamento das pessoas e aumenta a qualidade do ensino-aprendizagem.

Uma comunicação feita com harmonia e com fluidez gera uma grande recompensa para aqueles que dela participam. Para que exista uma comunicação adequada e positiva, é importante que o educador faça uso de gestos e de palavras adequadas e positivas que fortaleçam as aulas e os relacionamentos em sala de aula.

Parece difícil, às vezes, mas o poder da comunicação positiva é contagiante e levará todos os alunos a uma sinergia que refletirá em toda a sala de aula. O educador deve desenvolver bem o seu poder de comunicação, interagindo de modo assertivo.

A seguir algumas sugestões para o educador manter uma boa comunicação em sala de aula.

1) **Expressar-se vagarosamente e de forma clara:** ao falar em sala de aula, faça-o sempre aberta e vagarosamente. O som e o tom de voz assumem muita importância numa comunicação. A voz deve ser firme, mas calma. Use sempre um tom de voz adequado, pois muitas vezes o tom de voz é tão importante ou mais importante que as próprias palavras que usamos.

2) **Chamar os alunos pelo nome:** o educador deve procurar, logo nas primeiras aulas, chamar os seus alunos pelo nome. Ao lembrar-se do nome de seus alunos, você fará com que eles se sintam importantes e especiais. Lembre-se de que o nome é, para uma pessoa, a palavra mais doce e poderosa que existe em qualquer língua.

3) **Dominar as suas emoções:** em situações de indisciplina ou de atos que gerem conflitos, mantenha a calma e evite "vibrar na mesma energia" daquele que está gerando o conflito. Respire fundo e se controle.

4) **Evitar expressões de desinteresse, hostilidade ou negativismo:** em sala de aula, evite expressões sisudas, mal-encaradas e de chateação, bem como aquelas que mostrem desinteresse. Com isso, você ensina aos alunos que todos nós devemos nos concentrar na parte boa da vida e sermos agradecidos por ela.

5) **Ter sempre uma atitude dialogal:** o educador deve dialogar sempre, mesmo em situações mais tensas e difíceis.

6) **Tomar cuidado com as críticas:** o educador nunca deve se alongar muito nas críticas e nos comentários sobre as falhas que os alunos cometeram.

7) **Atentar para a linguagem corporal:** sorrisos e gestos amistosos combinam muito bem com palavras amáveis.

8) **Usar a força do elogio:** elogie os esforços e as conquistas dos alunos. Quando usados corretamente, os elogios aumentam a motivação intrínseca e ajudam estudantes a construírem uma autoimagem positiva.

9) **Usar a linguagem descritiva:** o educador deve utilizar-se de uma linguagem não acusatória, mas aquela que apenas descreve o que vemos e o que sabemos. A linguagem descritiva possibilita uma melhor relação de confiança. Exemplos: "estou percebendo que você está tendo problemas..."; "estou vendo que você está chateado..."; "vejo que você e seu colega estão tendo problemas...".

10) **Usar uma linguagem específica:** se você tiver uma queixa ou denúncia a fazer, seja específico e objetivo e não faça uso da ironia. Por exemplo: "fiquei preocupado com a bagunça que você deixou na sua mesa ontem", em vez de dizer ironicamente: "obrigado por ter deixado aquela bagunça para mim". A primeira observação evitará o mal-entendido e não permitirá que o aluno arrume desculpas.

11) **Tomar cuidado com as mensagens contraditórias:** evite misturar elogios e reclamações para a mesma pessoa no mesmo contexto da conversa ou da aula.

12) **Usar a linguagem empática:** o educador deve evitar julgamentos de valor que possam afetar a autoestima do aluno. Por isso, toda vez que for avaliar, criticar, questionar ideias e ações dos alunos, em vez de usar de expressões tais como "este trabalho está errado", "esta prova está uma porcaria", "você teve falhas demais", deve-se dizer com empatia: "você teve problemas neste trabalho" ou "será que poderíamos ver o que houve com o seu trabalho, pois ele apresenta alguns problemas?".

13) **Escutar os alunos com toda a atenção:** é importante que o educador aprenda a ser um bom ouvinte nos momentos em que o aluno vai falar, seja em aulas expositivas normais, seja em dinâmicas de grupo. É necessário que esteja apto a ouvir todas as informações, mesmo que desagradáveis, ou críticas, procurando vê-las de forma construtiva. Ouça atentamente e demonstre interesse pelo que está sendo apresentado e mostre aos alunos que você se interessa por seus problemas.

Durante a conversa, faça sinais com a cabeça, como forma de mostrar que você está ouvindo com atenção e compreende o que está sendo dito. Durante a conversa, evite gestos ou atitudes que bloqueiem a comunicação, como ficar manipulando algum objeto ou se distrair do diálogo.

14) **Concentrar-se no problema e não na pessoa:** em vez de atacar a personalidade do aluno em razão do seu comportamento repreensível, ataque o problema que ele está apresentado. Assim, em vez de dizer "você é um preguiçoso", diga "o seu comportamento está me preocupando, pois você nada produziu nestas últimas aulas".

Em suma, um ambiente positivo e restaurador em sala de aula deve, entre outras, possuir as características seguintes:

1) Ser cooperativo: o ambiente em sala de aula deve ser acolhedor, e os alunos devem se sentir seguros e tranquilos; nele todos poderão participar, colaborar e ter o sentimento de pertencer àquele ambiente. Isso é conquistado com atividades em grupo, tais como atividades em círculo, dinâmicas de grupo etc.

2) Ter comunicação positiva e construtiva: o uso contínuo de uma linguagem positiva em sala de aula contribuirá sensivelmente para a melhoria da qualidade do processo de ensino-aprendizagem, pois numa comunicação afetiva e positiva o educador obterá dos alunos um maior espírito de cooperação.

3) Criar o respeito pela diversidade: numa sala de aula pacífica, as diferenças entre os alunos devem ser valorizadas como um fenômeno de riqueza da diversidade do ser humano. Todos os atores envolvidos no processo educacional devem ser tratados com respeito, sem preconceitos, e deve haver a inclusão de todos os alunos num convívio harmônico.

4) Ter responsabilidade social: o aluno deve ser levado a ter responsabilidade com os demais colegas e com a sociedade. Atividades que levem à cooperação, ao altruísmo, à força interior, ao respeito à cidadania, à solidariedade, ao respeito à natureza, às diferentes raças e culturas, dotarão o aluno de habilidades que contribuirão para um mundo mais justo e pacífico.

5) Propiciar o aprendizado do gerenciamento e da solução de conflitos: o aluno deverá ser trabalhado no dia a dia para que possa desenvolver habilidades que o levem a prevenir, gerenciar e resolver conflitos de forma não violenta e construtiva, sobretudo participando dos círculos restaurativos.

6) Ser colaborativo: o aluno deverá desenvolver habilidades para que possa agir de forma colaborativa com todo o grupo, de modo que cada um possa contribuir para atingir as metas da classe, da escola ou da comunidade.

7) Respeitar as decisões do grupo: o aluno deve aprender a tomar decisões com o grupo – muitas vezes é importante que o aluno aprenda a agir conforme ficar decidido pela maioria, sabendo compartilhar e aceitar o que a equipe decidiu.

8) Ter participação democrática: é importante que o aluno aprenda a ter diálogos não adversariais com os seus pares e saiba administrar as controvérsias e os desentendimentos para a construção de um diálogo mais aberto, que possa levar ao consenso.

9) Manter o autocontrole do educador: por fim, e mais importante, ressaltamos que o educador deve exercer sempre o autocontrole. É sabido que o trabalho do educador é cansativo. Por isso, ele deve utilizar-se de técnicas de autocontrole para que possa suportar bem os momentos estressantes em sala de aula. O aprendizado do autocontrole o habilitará e o deixará mais descontraído para exercer as atividades escolares.

NÍVEL PRIMÁRIO DE INTERVENÇÃO

Atividades práticas para reflexão

Atividade 1: Atividade de relaxamento (atividade inspirada em Drew, 1990: 45-7)

É uma técnica para ser usada sempre, no início das aulas ou de um novo tópico ou ponto. Pode ser usada também quando a sala estiver tumultuada.

Sugestão: Peça aos alunos que fiquem sentados em círculo, bem quietos e com os olhos fechados. Em seguida, por aproximadamente três minutos, vá dizendo a eles calmamente as seguintes palavras: *"Imaginem que a mente de vocês seja uma tela branca de cinema. Não tem nada lá. Vocês estão olhando para essa tela branca. Agora, vocês devem imaginar nessa tela o mar silencioso e calmo. Não tem ninguém lá. Nem mesmo vocês estão lá. Só tem mar, céu, praia e ar. Observe uma gaivota passando. Imagine as ondas chegando suaves na praia. Imagine a luz do Sol refletida em cada onda. Você sente agora uma brisa gostosa que passa".* Essa cena pode ser aumentada e mais explorada pelo educador, com as suas próprias palavras e deve durar alguns poucos minutos. Depois, com eles quietos e relaxados, peça que abram os olhos vagarosamente e peçam para que reflitam sobre o silêncio e a calma que foi criada. Diga a eles que aquela calma ajuda todos a se sentirem bem e estimula a reflexão, ajudando no aprendizado.

Atividade 2: Estabelecendo um ambiente pacífico em sala de aula (atividade inspirada em Drew, 1990: 45)

Duração: a critério de cada educador.

Fase 1: Peça aos seus alunos para se sentarem em círculo. Formado o círculo reflita com eles que a paz deve começar em sala de aula. Se nós entendemos que a violência é ruim para a sociedade e que a busca da paz é de todos, temos de começar trabalhando em sala de aula.

Enfatize a necessidade de cada aluno assumir a responsabilidade pela criação de um ambiente pacífico em sala de aula. Coloque em debate o que o aluno entende por "assumir a responsabilidade". Os alunos poderão expor para o grupo ou para outros círculos. É importante que todos falem.

Pergunte aos alunos como gostariam que fosse o ambiente em classe durante o ano letivo. Como deve ser a forma de tratamento de uns com os outros? Qual é um ambiente pacífico ideal? O que seria uma sala de aula não pacífica? Pergunte a eles se aceitam fazer um pacto de uma sala de aula pacífica e um ambiente de cooperação. Pergunte a eles se alguém não concorda com o ambiente de paz sugerido e por quê? É uma forma de repassar a todos a responsabilidade pelo propósito de paz.

Fase 2: Depois da discussão, o educador colocará numa folha de papel em branco, com a ajuda dos alunos, os requisitos discutidos para existência de um ambiente pacífico em sala de aula. O educador escreve: "Uma sala de aula pacífica é aquela na qual..." e os alunos vão ditando para o professor os requisitos que eles entenderam necessários para uma sala de aula pacífica (por exemplo, respeito ao próximo; não falar aos gritos; ser atencioso com o colega; não xingar etc.).

Em seguida, fazer um cartaz com dados de como seria uma sala de aula "não pacífica" e fazer um debate.

Fase 3: Perguntar aos alunos se eles concordam em fazer tudo o que está no primeiro cartaz para que possam ter uma sala de aula pacífica. Explicar que o cartaz ficará como um guia a ser consultado durante o ano. Indague dos alunos se alguém terá dificuldades em cumprir as regras que estão no cartaz. Em seguida, peça-lhes para que façam um acordo por escrito em que todos concordarão em manter um clima de cooperação dentro da sala de aula. Por exemplo, os alunos assinarão embaixo de uma frase com os seguintes dizeres: "Nós concordamos em seguir as regras que estabelecemos juntos para ter uma sala de aula pacífica".

NÍVEL PRIMÁRIO DE INTERVENÇÃO: OUTRAS PRÁTICAS RESTAURATIVAS INFORMAIS

A importância da comunicação construtiva e restauradora – o uso cotidiano da comunicação não violenta entre todos da escola

O desenvolvimento de técnicas para uma comunicação construtiva é uma poderosa ferramenta para o bom convívio escolar e para a negociação dos conflitos que surgem no cotidiano. Somos educados para uma linguagem dominadora, de supremacia e de confronto; precisamos mudar a cultura e usar mais uma linguagem de parceria, que semeie a confiança.

Treinar as crianças e os jovens para uma boa comunicação pode evitar desentendimentos que levem a atos violentos e torna mais fácil as soluções dos conflitos. Nos passos para um bom gerenciamento de conflitos, temos de ensinar às crianças e aos jovens realçar habilidades de comunicação, as quais incluem a compreensão da existência de barreiras na comunicação, a utilização do bom uso de expressões e o aperfeiçoamento do hábito de ouvir.

A comunicação construtiva leva as pessoas a se comunicarem de maneira eficaz e com empatia. Baseia-se num conjunto de habilidades de linguagem e de comunicação que enfatiza a importância de expressarmos os sentimentos, as necessidades e as ordens com clareza aos outros, fortalecendo a capacidade de nos comunicarmos sem o uso de uma linguagem classificatória ou rotuladora, que contribui para o ressentimento e para a diminuição da autoestima.

O modelo que fundamenta a proposta da comunicação construtiva e restaurativa é o da "comunicação não violenta", também chamada de "comunicação empática", que se refere a um conjunto de técnicas atribuídas a Marshall Rosenberg, autor do livro *Comunicação não violenta – Técnicas para aprimorar relacionamentos pessoais e profissionais*.

Com esse conjunto de técnicas de comunicação, evitamos utilizar julgamentos de bom/ruim, certo/errado, procurando expressar de modo verdadeiro e honesto nossos sentimentos e nossas necessidades, sem precisar de críticas e julgamentos.

A seguir, apresentamos alguns passos para uma comunicação positiva e restaurativa na escola e na sociedade, que poderão ser trabalhados em dinâmicas de grupos, discutidos com os atores escolares, com as classes, e transmitidos aos alunos, visando à construção de relacionamentos harmônicos:

a) **Utilizar-se de conotações positivas na conversação:** conforme ensina Vasconcelos (2008), a comunicação construtiva começa com o acolhimento do outro por meio da linguagem apreciativa e estimulante. Devemos apreciar a conversação mediante conotações positivas, como, "vá em frente, você é capaz", "é interessante esta sua maneira de ver o problema", "esta é uma preocupação legítima", "isto que você me disse me pôs a pensar", entre outras. Segundo Vasconcelos, a conotação positiva expressa uma atitude de reconhecimento que contempla o pluralismo, cujo reconhecimento é o fundamento da não violência. Ela gera empatia, embora não implique, necessariamente, em concordância (Vasconcelos, 2008: 65).

As conotações positivas permitirão valorizar a cortesia, a gentileza e as virtudes. O educador deve incentivar constantemente o uso de palavras amáveis que celebrem a vida. Palavras gentis são positivas e recompensadoras, e lembre-se: gentileza gera gentileza.

b) **Usar a escuta ativa:** mostre aos alunos a importância da escuta ativa, que nada mais é do que uma boa reciprocidade na comunicação, ou seja, as pessoas que estão se comunicando estão comprometidas no processo de ouvir atentamente a outra parte e trocar informações. Por isso, o primeiro passo ao iniciar uma boa comunicação é que o aluno mostre para a outra pessoa que ele está interessado no diálogo, nas opiniões dela, e que está prestando atenção ao que ela fala. Deve escutar, sempre, com toda atenção o que está sendo falado e sentido pelo outro. Diga-lhe que somente pessoas que se sentem verdadeiramente escutadas estarão dispostas a escutá-lo.

Para uma boa escuta ativa, ensine aos alunos procederem da seguinte forma: manter uma postura relaxada; evitar escutar e realizar outra atividade ao mesmo tempo; participar ativamente da conversa, com receptividade e com disposição para escutar; não interromper a pessoa no meio da fala; fazer perguntas; e ser compreensivo.

Uma maneira de se aplicar a escuta ativa é reformular sempre a mensagem que tiver recebido. A "técnica da reformulação" permite esclarecer melhor o que o outro disse e é um dos modos mais significativos de ouvir alguém. Reformular consiste em resumir, com as suas próprias palavras, as falas do outro, enunciando-as novamente.

O uso dessa técnica na comunicação, embora pareça estranha no início, tem várias finalidades: permite que o nosso interlocutor sinta-se ouvido e compreendido;

permite ao interlocutor prosseguir na comunicação, após mostrarmos a ele que o compreendemos no que acabou de dizer; permite ao interlocutor que ele aprenda algo sobre si mesmo, pois ao reformularmos a sua fala, ele toma mais consciência do seu teor e compreende melhor o que acabou de dizer; e por fim, a técnica de recontar resumidamente a história é muito útil quando o interlocutor está falando muito e não está trazendo nada de novo nas suas observações.

A chave é refletir sobre o que foi dito sem incluir um julgamento, apenas para testar o entendimento da mensagem.

Importante: na escuta ativa é necessário que a pessoa aprenda a escutar com atenção e receptividade. Por isso, deve-se escutar primeiro e mostrar que entendeu o que foi dito, mesmo que não concorde. Somente depois expressar a sua própria opinião.

c) **Não usar as palavras e os sentimentos como armas:** é preciso aprender a controlar as palavras, principalmente após uma situação de grande tensão emocional. Se nós conseguirmos manter controle suficiente nas horas difíceis e evitar que as coisas se transformem numa explosão de raiva, evitaremos que o conflito se transforme em violência e ficará mais fácil controlá-lo. É preciso lembrar aos alunos que as palavras maldosas, provocadoras ou vingativas, mesmo que proferidas num momento de explosão, são capazes de magoar, e as palavras não podem ser usadas como se fossem armas, capazes de causar dor e sofrimento a outras pessoas.

As palavras não devem ser usadas como armas de ataque ou contra-ataque. Por isso, é preciso ser objetivo, sem ser agressivo, mantendo a voz sob controle. Exemplo: "eu me senti magoado com a sua ofensa..." em vez de "seu idiota, como se atreve a me insultar daquela maneira?".

d) **Ensinar os alunos a criar o hábito de pensar antes de falar**: sempre escolher as palavras com mais cuidado. Em momentos conflitivos, é preciso manter-se calmo e contar até dez antes de falar; ou então preferir o silêncio, que muitas vezes vale ouro. Falar sem pensar ou falar quando se está nervoso poderá nos trazer arrependimento depois, sem contar que certas palavras são destrutivas para o relacionamento.

e) **Combater a linguagem preconceituosa:** o preconceito surge na convivência diária, muitas vezes através de gestos e palavras. O preconceito leva inevitavelmente à discriminação e à violência, e por isso a linguagem preconceituosa deve ser combatida diariamente, como forma de permitir uma boa convivência escolar.

f) **Aprender a separar a observação da avaliação:** segundo Rosemberg (2006: 57), "quando combinamos observações com avaliações, os outros tendem a receber isso como crítica" e, consequentemente, resistir ao que foi dito. Por isso, aprenda a separar a observação da avaliação. Por exemplo, segundo Rosemberg (2006: 56), em vez de falar "Zequinha é um péssimo jogador de futebol", que é uma observação com avaliação associada, podemos falar: "Em vinte partidas,

Zequinha não marcou nenhum gol", que é uma observação isenta de avaliação. Outro exemplo no mesmo sentido: devemos dizer "a aparência de Carlos não me atrai", em vez de "Carlos é feio".

g) **Evitar julgamentos moralizadores:** a utilização de julgamentos moralizadores contribui para estimular a violência. Por isso, o educador precisa incentivar os alunos a evitar o uso de linguagem que faz julgamentos e que leve à culpa, ao insulto, à depreciação, à rotulação etc. Como anota Rosemberg (2006: 48), "uma forma de comunicação alienante na vida é o uso de julgamentos moralizadores que implicam que aqueles que não agem em consonância com nossos valores estão errados ou são maus". Ainda segundo ele (2006: 106), "a partir do momento em que as pessoas começam a conversar sobre o que precisam em vez de falarem do que está errado com os outros, a possibilidade de encontrar maneiras de atender às necessidades de todos aumenta".

Devemos evitar atributos negativos para as pessoas, tais como "ela é preguiçosa", "ela é egoísta demais", "ele está muito gordinho", entre outros.

Isso, entretanto, não nos impede de fazer juízos de valor sobre as qualidades que admiramos na vida, tais como fazer a valorização da honestidade, da liberdade e da paz.

h) **Aprender a não fazer comparações:** comparações também são formas de fazer julgamentos e exercem poderes negativos sobre nós. Comparar, classificar e julgar outras pessoas também promove violência. Para uma comunicação eficiente é necessário observar sem julgar ou avaliar, fugindo de expressões comparativas, como por exemplo, "ele faz um trabalho melhor que você" ou "ele é mais apto do que você para esta atividade", entre outras.

i) **Estabelecer a igualdade na comunicação:** fale claramente as suas opiniões e os seus pensamentos, mas respeite o igual direito do outro de falar. Depois de escutar atentamente o que o outro tem a dizer, promova uma comunicação em que ambos respeitem o direito do outro de se expressar. Lembre-se de que a comunicação deve ser uma via de mão dupla.

j) **Ser claro no que diz:** comunicação construtiva não é fazer agrados ou bajular. Ser claro é ser assertivo, e isso permite que você diga sim ou não. Tudo deve ser feito com gentileza, mas você deve-se dizer não ao comportamento imoral, ilegal ou injusto. A comunicação construtiva se baseia em princípios éticos e não no desejo de simplesmente agradar o outro.

k) **Ensinar os alunos a eliminar os sentimentos negativos e os ressentimentos sobre algum colega:** se possuem sentimentos ruins sobre alguém, devem tomar providências para resolvê-los, em vez de se expressarem (verbalmente ou não) através da falta de respeito, como xingamentos, insultos, abusos etc.

l) **Ensinar os alunos a se prepararem interiormente para superar ressentimentos:** o aluno precisa ser treinado a resolver e a superar conflitos do passado que ainda se manifestam no presente. Os sentimentos e ressentimentos do passado devem ser processados e superados, para que a vida continue sem problemas. Usar os ressentimentos do passado como armas para o presente, quando houver um desentendimento com o colega, somente agravará o relacionamento. Para tanto, é necessário que a pessoa dê mais informação a respeito do que está sentindo ou pensando, utilizando-se de frases que comecem com "eu".

As "mensagens-eu" são importantíssimas para restabelecer diálogos e superar ressentimentos. Exemplos de "mensagens-eu" (Drew, 1990): "eu me sinto ofendido por causa disso", "eu não gostei daquilo", "eu penso que esta é a melhor opção, por causa disso". Deve-se evitar "mensagens-você", como "você fez isto ou aquilo"; "você está errado", "você me irrita" etc.

m) **Ensinar os alunos a assumir a responsabilidade, para que não fiquem somente na defensiva:** os relacionamentos devem ser, na medida do possível, abertos e francos e, quando houver uma situação de conflito, o aluno deve aprender a assumir a sua parte de responsabilidade por alguma ação, em vez de ficar agindo defensivamente, o que somente levará ao aumento do conflito, em vez de ajudar a resolvê-lo.

n) **Ensinar os alunos a formular questões mais abertas e sinceras:** num relacionamento, muitas vezes não sabemos se a nossa conduta afetou negativamente ou não outra pessoa. Para que os alunos coordenem as suas ações de forma mais coerente e adequada, quando perceberem que algo está errado com as pessoas em sua volta, precisam aprender a questioná-las, para saber o que estão pensando, sentindo, querendo e planejando.

o) **Construir a empatia:** ter empatia é tentar imaginar e sentir o que a outra pessoa está sentindo ou sofrendo; é, em suma, colocar-se na posição ou na situação da outra pessoa, num esforço para entendê-la. No desenvolvimento de uma boa comunicação, devemos fugir dos preconceitos e estereótipos que geram antipatia. Pessoas que aprendem a respeitar as diferenças são capazes de se libertar dos preconceitos e estereótipos. A empatia se estabelece entre pessoas que se veem, se aceitam e se respeitam como seres humanos, com todas as suas diferenças.

Exemplos de frases empáticas.

- O que você acaba de dizer, eu endosso totalmente.
- Em seu lugar, eu teria feito a mesma coisa.
- A sua ideia é interessante, apesar das nossas divergências de opinião.
- É muito interessante esta sua proposta; quisera eu ter sido o autor.
- Nesta situação, eu penso como você, por isso vamos colocá-la em prática.
- Imagino que você deve estar sofrendo muito com o fato.
- A sua maneira de resolver o problema tem pontos em comum com a minha.
- Você e eu temos muito que conversar.

Por outro lado, quando alguém tem um comportamento do qual não gostamos ou com o qual não concordamos, a lógica da punição nos ensina que é necessário dar o "troco". Pensamos que, através das palavras, podemos agredi-la, fazê-la refletir ou mesmo ver se ela se toca dos seus erros e muda de comportamento. A ideia é boa, mas não funciona, pois em vez de construirmos uma comunicação empática, construiremos barreiras para uma boa comunicação. Dar sermão, julgar, precipitar soluções e ignorar as preocupações do interlocutor são as barreiras mais comuns. Mesmo que o propósito seja bom, a solução oferecida muitas vezes demonstra superficialidade, pouca importância ao fato ou problema. Esse tipo de resposta, em vez de resolver, muitas vezes potencializa o conflito ou cria um novo, ao mesmo tempo desqualifica o outro, podendo provocar ansiedade ou ressentimento. Vejamos alguns exemplos.

- Criticar: "Olha, foi você que criou esta confusão, azar seu!"
- Desqualificar a outra pessoa: "Você é estúpido mesmo!"
- Dar lição de moral: "Você fez a bobagem, agora peça desculpas"
- Ameaçar: "Agora vou punir você!"
- Aconselhar: "No seu lugar eu faria isto..."; "Acho que você deveria..."
- Corrigir: "Não foi assim que aconteceu"

p) **Por fim, lembrar os alunos que:** vaidade, apatia, dependência, timidez, elevação de voz e manipulação são forças que restringem uma boa comunicação; ao contrário, empatia, motivação, clareza, firmeza, iniciativa, competência, apoio e solidariedade são forças que impulsionam uma boa comunicação.

Atividades práticas para reflexão

Atividade 1: Quadro: palavras são escolhas

Monte um quadro com os pares de expressões a seguir, mostre para toda a classe, de forma bem visível, e trabalhe no dia a dia com os alunos, em situações concretas ou não, sobre as escolhas de palavras que fazemos. Mostre que muitas vezes fazemos escolhas conscientes ou inconscientes sobre o uso das palavras.

Veja a melhor opção em cada um dos pares a seguir (Urban, 2007):

Reclamar	Expressar gratidão
Xingar	Usar palavras decentes
Mentir	Falar a verdade
Arrasar as pessoas	Animar as pessoas
Usar palavras rudes	Usar palavras amáveis
Ignorar as pessoas	Cumprimentar as pessoas
Fazer fofoca	Não fazer fofoca
Não reconhecer o esforço alheio	Valorizar as pessoas
Rir de alguém	Rir com alguém
Culpar alguém	Aceitar a responsabilidade
Falar de si mesmo	Perguntar sobre os outros
Mostrar o que está errado	Celebrar o que está certo
Desestimular as pessoas	Estimular as pessoas
Mandar fazer	Pedir para fazer
Usar palavras e tons raivosos	Usar palavras e tons gentis
Ser sarcástico	Ser sincero
Interromper a fala das pessoas	Ouvir enquanto alguém fala
Evitar olhar nos olhos	Fazer contato com os olhos
Fechar a cara	Sorrir

> **Atividade 2: Construção do vocabulário da paz**
>
> **Duração:** 30 minutos.
>
> **Procedimento:** num primeiro momento, peça aos seus alunos que escrevam, individualmente, três palavras que lembram uma situação de paz e três que lembrem uma situação de conflito.
>
> Em seguida, monte grupos de cinco a seis alunos e peça a eles que elaborem uma lista com dez palavras, não repetidas, de expressões que lembrem a paz e dez que lembrem uma situação de conflito.
>
> Discuta com a turma toda, em um círculo grande, as palavras apresentadas. No círculo, cada aluno que se candidatar deve falar sobre uma palavra da lista apresentada. O educador deve ajudar no esclarecimento de qualquer dúvida sobre a palavra.

Treinar habilidades para a construção do consenso direto através do diálogo restaurativo: a negociação

Além de treinar a comunicação não violenta e o uso do diálogo em situações de conflitos, os alunos deverão aprender a negociar para resolver as suas pendências e chegar ao meio-termo que agrade ambas as partes. A negociação é o processo pelo qual as pessoas envolvidas buscam, por elas mesmas, a solução de problemas, de conflitos, de restabelecimento de relações ou de troca de interesses. É a construção do consenso direto.

As negociações são as discussões entre as partes em conflito para que, voluntariamente, solucionem os pontos em discussão ou em litígio. As discussões ocorrem apenas entre os envolvidos. Se a comunicação for interrompida e o diálogo for perdido, a negociação pode ser incrementada ou auxiliada por uma terceira pessoa. A negociação é o procedimento mais comum e normal para a solução de conflitos e para evitar que eles transbordem para algum tipo de violência.

A arte da negociação nada mais é do que o bom exercício do diálogo restaurativo, da compreensão da pluralidade de opiniões e da discussão de propostas, de forma que as partes envolvidas cheguem a um acordo no qual todos saiam ganhando (lógica do "ganha-ganha"). A negociação terá sucesso a partir de um diálogo franco e aberto.

Na escola, devemos ter um comprometimento constante com incentivo à negociação como uma atividade cotidiana e eficiente para resolver as dificuldades interpessoais, difundindo valores, como respeito ao próximo, convivência com a diversidade de opiniões, compreensão, respeito às diferenças e solidariedade. O ato de uma pessoa expressar as suas ideias e sentimentos através da palavra e ser ouvido por outro, em posição antagônica, permite a criação da cultura do diálogo. O interessante da negociação é que ela leva à tomada de decisões conjuntas, mesmo quando as partes envolvidas têm posições antagônicas.

A negociação é um processo transformador através do qual os envolvidos poderão modificar as suas convicções de forma positiva. A chave para qualquer negociação é que cada uma das partes deve tirar vantagens das concessões que se fazem e extrair do caso uma experiência positiva.

É importante que os envolvidos tenham uma atitude assertiva, promovam a escuta ativa e mostrem empatia, que são atitudes fundamentais que revelam a vontade entre as partes de resolver o conflito instaurado. As partes devem ficar conscientes de que o encontro para uma negociação, ainda que informal, não é o momento para a impor pontos de vista, mas para dialogar e chegar a uma nova conclusão sobre o problema. Para tanto, ensine aos alunos que alguns passos devem ser seguidos:

1) em primeiro lugar, se for necessário, é importante que as partes envolvidas num conflito tomem um tempo para esfriar a cabeça;

2) devem fazer um encontro direto, no qual discutirão o problema previamente delimitado por eles; em seguida farão alguma reflexão e tomarão a decisão que deve ser a melhor para todos os envolvidos (lógica do "ganha-ganha");

3) esse encontro direto deve ter regras simples, como: cada parte escutará, sem interrupções, a versão da outra parte; todos devem se esforçar para entender o ponto de vista da outra parte; cada parte respeitará as necessidades do outro;

4) cada envolvido deve expor os seus sentimentos através de "mensagens-eu";

5) os envolvidos devem fazer uma rodada de falas;

6) os envolvidos poderão desabafar e manifestar os sentimentos de raiva ou desagrado, mas sem ofender ou prejudicar o outro lado;

7) os envolvidos devem ser capazes de identificar os pontos de concordância e somente depois levantar os pontos de desacordo;

8) cada pessoa deve ter consciência e assumir sua parcela de responsabilidade pelo problema;

9) se o diálogo for interrompido, os envolvidos deverão procurar restabelecê-lo, esse é um ponto principal de retomada do processo de negociação;

10) a partir das discussões, os envolvidos devem desejar encontrar uma solução boa e aceitável para eles.

Atividades práticas para reflexão

Atividade 1: Entender a lógica do "ganha-perde"

Objetivo: mostrar aos alunos que nas relações humanas há uma cultura de sempre querer ganhar. Essa cultura precisa ser desconstruída quando o tema é mediação de conflitos, em que a lógica prevalecente é a do "ganha-ganha". Pode ser usada de forma geral ou especificamente com os alunos que serão mediadores ou facilitadores.

Duração: a critério de cada educador.

Fase 1: O educador distribui um balão para cada aluno e pede a eles que encham os balões e os amarrem. Em seguida, quando todos executarem o que foi pedido, o educador pede que todos se encaminhem para o centro da sala e diz: "todos deverão proteger o seu balão e mantê-lo cheio por cinco minutos. Aquele que me apresentar o balão cheio, ganhará um prêmio".

Normalmente, com a ordem, o que se verificará é que todos sairão tentando estourar o balão do outro e, ao final do tempo, apenas um ou outro balão restará intacto.

Fase 2: Ao final, com o ambiente já bem descontraído, o educador deverá levantar com os alunos as ponderações seguintes:

1) Por que todos os presentes não conseguiram ficar com os balões cheios, se a regra não falava nada em estourar os balões?

NÍVEL PRIMÁRIO DE INTERVENÇÃO

2) Embora a regra fosse ficar com o balão cheio, por que apenas alguns poucos se preocuparam em proteger o seu balão? Por que não houve um diálogo antes, uma combinação entre os envolvidos sobre o que fazer? Normalmente, ao ouvir a ordem, todos saem tentando estourar o balão do outro, enquanto bastaria que todos apresentassem seus balões para que todos ganhassem o prêmio. Por quê?

Fase 3: O educador deverá explicar que foi o espírito competitivo que levou os alunos a furar os balões. Nesse espírito, todos querem ganhar; em situações de conflito o nosso objetivo sempre é o mesmo: ganhar. Não basta proteger, é preciso vencer, ainda que para isso tivermos de destruir o outro, subjetiva ou objetivamente. Todos esperavam que o ataque do outro ocorresse; por isso, a forma de se proteger foi atacando, porque o outro esperava por isso. Ou seja: para eu ganhar, o outro tem de perder.

O educador conclui esclarecendo que, na dinâmica apresentada, predomina a filosofia de que o importante é que a outra pessoa perca e que eu ganhe. Esse paradigma cultural precisa ser desconstruído na negociação e nas reuniões restaurativas. A lógica deve ser a do "ganha-ganha", ou seja, o que podemos fazer juntos para solucionar o problema que nos envolve? Como poderemos resolver o problema de forma que a situação fique boa para todos os envolvidos? Como solucionar o problema com pensamento coletivo, de grupo ou equipe? Como cada um poderá proteger o seu balão, sem furar o do outro? Como criar um diálogo em situações de conflito, de forma que todos ganhem, e não haja perdedores?

Outras questões
1) Dentro de um grupo, o que é mais importante a competição ou a cooperação?
2) Como alcançamos a cooperação?
3) Qual a importância da relação ganha-ganha dentro do grupo e da escola?
4) Como podemos minimizar a competição natural?

Atividade 2: Aperfeiçoando o diálogo (atividade adaptada de Lieber,1998: 172-5)

Objetivo: desenvolver nos estudantes habilidades e entendimentos que possam ajudá-los no bom convívio diário e numa maior harmonia nos trabalhos em grupo. A atividade desenvolve o aprendizado para o mútuo respeito, para uma maior participação democrática e para a construção de um bom diálogo.

O diálogo de negociação permite evitar um conflito e, ao mesmo tempo, solucioná-lo. Ele possui diversas vantagens, pois é colaborativo: encoraja os participantes a buscarem as metas a serem compartilhadas; permite que a pessoa ouça a outra parte e construa uma solução conjunta para um problema; permite a autoavaliação; possibilita a compreensão do outro; permite que a pessoa veja todos os lados da questão; e, sobretudo, contribui para resolver quaisquer problemas.

Fase 1: Explique a todos que essa atividade visa desenvolver uma série de habilidades que levarão a uma melhoria no trabalho em grupo e no convívio escolar e comunitário.

Em seguida, o educador fará com a classe o *brainstorm*, através dos seguintes passos:
1) forme grupos de alunos;
2) apresente o assunto: **"como ter um bom diálogo"**;
3) peça aos alunos para que apresentem todas as ideias que lhes vierem à mente sobre o tema;
4) nenhuma ideia apresentada deverá ser alvo de comentários negativos ou positivos;
5) os alunos deverão deixar que os pensamentos surjam espontaneamente;
6) todas as ideias verbalizadas devem ser escritas pelo grupo para que todos os outros vejam, estimulando novas ideias.

O educador deve dar um prazo de mais ou menos 15 minutos para o *brainstorm* e pode ajudar os alunos a iniciarem os debates escrevendo duas ou três frases da lista de exemplos apresentada adiante, que servirá de parâmetro para o trabalho do educador.

Fase 2: Ao término das verbalizações, o educador analisa e seleciona as sugestões que forem mais adequadas ao tema proposto, sem desprezar as demais, apenas para focalizar melhor as conclusões.

Formar um círculo com toda a classe. Se não der, formar dois círculos, um dentro do outro. Em seguida, discutir cada um dos itens apresentados pelos alunos, explicando cada um deles para toda a classe. Promover discussões e reflexões sobre cada sugestão, tais como: alguma vez em suas vidas este item não foi observado? Se observarmos a sugestão feita, haverá alguma melhoria no relacionamento da sala?

Exemplo de dicas para manter um trabalho em grupo adequado e ter sempre um bom diálogo.

1) Fale um de cada vez.
2) Não interrompa o colega enquanto ele estiver falando.
3) Durante um diálogo normal, evite ser crítico e procure demonstrar simpatia.
4) Mantenha em foco os tópicos sugeridos.
5) Seja sempre aberto e honesto.
6) Olhe nos olhos da outra pessoa quando se dirigir a ela.
7) Quando discordar de alguém, declare sua opinião sem atacar a outra pessoa (por exemplo usando as expressões: "Eu acredito..." ou "o caminho que eu entendo ser melhor é...").
8) Divida o tempo da conversa, permitindo à outra pessoa a chance de falar.
9) Não faça graça do que a outra pessoa disser ou fizer.
10) Mantenha o espírito de cooperação com o outro.

AS REUNIÕES RESTAURATIVAS: A MEDIAÇÃO E OS CÍRCULOS RESTAURATIVOS

Além do diálogo restaurativo (negociação), que já vimos anteriormente, a partir deste capítulo vamos abordar as outras formas restaurativas de resolução de conflitos, que poderão ser usadas nas escolas, quando o conflito se intensificar ou virar violência, sem necessariamente levarmos em conta o tipo de infração ou transgressão praticada ou o perfil do autor do fato. Vamos chamá-las, indistintamente, de reuniões restaurativas para nos referir às mediações e aos círculos restaurativos.

Vários são os tipos de reuniões restaurativas existentes, entre outros: os diálogos restaurativos (negociações), as mediações, os círculos restaurativos e as conferências familiares. Ainda existem outros meios de solução de conflitos: conciliação, arbitragem, etc. Vamos abordar apenas a mediação e os círculos restaurativos por entender que, além das demais práticas restaurativas informais abordadas, são opções adequadas e suficientes para a solução pacífica dos conflitos escolares.

A mediação é uma reunião entre o mediador e as partes envolvidas visando ao restabelecimento do diálogo entre as partes, buscando a construção de soluções a partir das necessidades dos envolvidos. Não há a participação de terceiros nessa reunião restaurativa simplificada. O mediador pode ser qualquer pessoa e até mesmo um estudante (ou vários estudantes), do mesmo nível dos demais, que pode ser capacitado para atuar como mediador (ou comediadores) nas disputas dos seus pares ("mediação de pares").

Já o "Círculo Restaurativo" é uma reunião com as partes conflitantes, contando com a participação do facilitador e de outras pessoas da escola, da família ou da comunidade. Conforme veremos, o encontro possui uma sequência integrada de fases: o pré-círculo, o círculo e o pós-círculo. Com base no roteiro, as pessoas podem discutir o conflito e construir soluções para o futuro. O "Círculo Restaurativo" é uma alternativa que confere o espaço-tempo para as partes envolvidas num conflito efetivarem consensos pacificadores através da comunicação não violenta.

A priori, não dá para dizer com tranquilidade que a mediação deveria ser usada somente nos casos mais simples, e os círculos restaurativos nos casos mais graves. Ambas as formas funcionam nos diferentes tipos de casos, sem contar que os círculos por si sós são também formas de mediação de conflitos.

Não há um critério objetivo sobre qual formato de reunião restaurativa a escola deve usar. A mediação e a mediação de pares possuem formas muito práticas de funcionamento com o foco na satisfação das partes diretamente afetadas e envolvidas e têm procedimentos mais simplificados do que os círculos restaurativos. Estes, por sua vez, contam com a participação das partes direta e indiretamente envolvidas no conflito e, por envolver mais pessoas, demandam uma estrutura mais organizada e um espaço mais adequado para sua aplicação, porém são mais completos para restaurar relações, pois, além da reparação dos danos, buscam atender a necessidade de todos os envolvidos na questão.

Caso prefira, a escola poderá montar uma estrutura única de funcionamentos, somente de círculos restaurativos, para todos os casos. Ou então poderá montar uma estrutura de mediações e/ou mediações de pares para os casos mais simples, por exemplo, de indisciplina escolar esporádica e outras ocorrências mais corriqueiras; e de círculos restaurativos para os casos mais graves, nos quais também seria importante a participação da família ou comunidade nas discussões de problemas, como vandalismo, bombas, gangues ou grupos rivais, agressões físicas mais graves, indisciplina escolar mais séria e duradoura, casos graves de *bullying*, furtos e intimidações, entre outros.

O importante é que a escola tenha esses meios à disposição, pois eles são excelentes para restaurar relações, o que é importante para a harmonia do ambiente escolar e para a formação dos alunos.

Por razões didáticas, usaremos as denominações "mediador", para as mediações, e "facilitador", para os círculos restaurativos. Quando nos referirmos indistintamente a ambas as expressões, falaremos em coordenadores ou facilitadores.

Reuniões restaurativas: trabalhando valores essenciais

Antes da abordagem sobre as reuniões restaurativas, vale ressaltar os valores que são nela trabalhados. Constata-se que elas, além de trabalhar com os valores inerentes à própria concepção da "Justiça Restaurativa" (cf. Marshall e Bowen, 2005), trabalham diferentes valores essenciais à pessoa. Vejamos, entre outros, alguns desses valores.

Participação: os mais afetados pela transgressão deverão ser os principais partícipes da reunião restaurativa. Quando o aluno participa dessas reuniões, seja como autor, vítima ou terceiro interessado, ele passa a entender e melhor relação com os colegas e com as demais pessoas envolvidas no processo, como coordenador, professor e pessoas da comunidade.

Respeito: além da necessidade de reflexão sobre as suas atitudes, o aluno, ao participar das reuniões restaurativas, aprenderá que todos ali são iguais e devem ser tratados com dignidade e respeito mútuo.

Pertencimento: as reuniões restaurativas integram e permitem aos alunos um maior senso comunitário e a percepção de pertencimento à comunidade escolar, ou seja, a percepção de que eles fazem parte daquele grupo, que dão a ele as suas contribuições possíveis e nele são reconhecidos, resgatando a sensação de que são importantes porque pertencem àquele grupo comum. Se os alunos são ouvidos, eles se sentem respeitados, valorizados e incluídos no meio escolar.

Responsabilidade: o aluno aprenderá a relatar os seus problemas e terá de dividi-los com o grupo, assumindo a responsabilização pelos seus atos e pelos danos causados à outra pessoa. Além disso, é fundamental que o aluno assuma um efetivo compromisso de manutenção dessa responsabilidade.

Nesses anos em que trabalhamos na Promotoria da Infância e Juventude, vemos a importância de os jovens assumirem a responsabilidade de seus atos. Em regra, colocamos todos os evolvidos na sala e fazemos um "Círculo Restaurativo" improvisado. Os jovens autores dos atos infracionais sempre chegam à Promotoria e, de pronto, negam os fatos a eles imputados. Depois de uma boa conversa com as vítimas, com os jovens infratores e com as famílias, vamos, através de perguntas restaurativas e diálogo reflexivo, levando os praticantes dos atos infracionais à responsabilização. No final, eles sempre se responsabilizam pelo que praticam e compreendem as consequências, para os outros e para eles mesmos, daquelas escolhas que fizeram. Ao invés de punições, que muitas vezes também fazem parte, dependendo do tipo de infração praticada, a maioria das vezes conseguimos ótimos resultados com a simples responsabilização. Muitos deles voltam à Promotoria, anos depois, com convites de formaturas e de casamentos, como forma de agradecimento e para mostrar que aqueles simples momentos de reflexão e de responsabilidade ajudaram na alteração dos rumos de suas vidas.

Não queremos dizer que uma única reunião possa mudar o futuro de uma pessoa que já está com o comportamento afetado e muitas vezes agindo na delinquência. Entretanto, uma simples reunião restaurativa pode permitir a compreensão, até mesmo ao mais comprometido dos jovens, de que algo está errado em sua conduta e que ele deverá mudar a sua postura e (re)pensar o seu projeto de vida.

Honestidade: as pessoas envolvidas nas reuniões restaurativas precisam ser transparentes e sinceras, pois será necessário que falem abertamente sobre o conflito, despertando nos alunos o valor do diálogo aberto, da sinceridade e da honestidade.

Humildade: como as reuniões restaurativas tratam todos igualmente, a humildade é trabalhada como valor, pois é através dela que as pessoas aprenderão que ninguém é mais do que ninguém e que a falibilidade é uma condição humana. Com esse aprendizado, ficará mais fácil para as pessoas admitirem os seus erros e pedirem perdão quando preciso for.

Interconexão: o aluno aprenderá que todos, seja na condição de autor ou vítima, estão interligados numa rede de relacionamentos e são pessoas importantes e valorosas para a comunidade.

Empoderamento: tanto autor como vítima voltam a ter autodeterminação e autonomia em suas vidas: as vítimas têm um papel ativo no processo restaurador, e o infrator é visto como alguém que errou e pode se redimir, responsabilizando-se pelos danos e consequências do ato.

Solidariedade: ao permitir que os alunos reconheçam os seus erros, estabeleçam um acordo com a parte conflitante e um final satisfatório para todos, haverá um despertar para o diálogo e para o sentimento de respeito e amor ao próximo.

Mediação escolar

Essa modalidade de reunião para solucionar e restaurar relações é uma boa e simplificada opção para ser trabalhada no dia a dia das escolas. Deverá ser usada quando falharem as demais formas preventivas usadas na escola e falhar o diálogo restaurativo (a negociação). Enquanto na negociação não há a participação de um terceiro, na mediação este será necessário para ajudar os envolvidos a encontrar a solução para o conflito. O mediador buscará o restabelecimento do diálogo rompido entre as partes, procurando a satisfação das pessoas envolvidas e o atendimento de suas necessidades.

A mediação permite o "ganha-ganha", pois é uma técnica de resolução pacífica de conflitos, cuja metodologia compreende a promoção do diálogo entre as partes diretamente envolvidas num conflito; o diálogo é facilitado por um mediador, imparcial e treinado, que coordena o processo, escuta as preocupações das partes e as orienta na negociação.

A mediação é uma ótima ferramenta para lidar com os conflitos interpessoais ocorridos na escola, principalmente quando eles envolverem poucas pessoas, como, por exemplo, autor e vítima, e se referirem a infrações escolares mais simples, embora possa também ser usada para conflitos com várias pessoas, com a mesma sistemática.

É simples usar a mediação no dia a dia e, pela sua eficiência, é preciso introduzi-la como um valor e como uma filosofia de trabalho. Muitos teóricos afirmam que são necessários cursos com carga horária mínima para a aplicação da mediação, mas na realidade, é necessário o aprendizado de alguns passos e procedimentos e, depois, muita prática. É na prática que será possível o verdadeiro aprendizado. Outro detalhe: quanto mais mediadores trabalharem juntos num caso, mas eficiente será o sucesso da mediação. Por isso, é importante a utilização de comediadores.

A mediação permite a solução de conflitos rotineiros através do diálogo e da compreensão; possibilita formas criativas de transformação dos conflitos em oportunidades de crescimento e de mudança em cada um dos envolvidos, trazendo-lhes lições duradouras para o crescimento interior. Permite ensinar aos alunos que, diante de uma disputa, de uma desavença ou de um conflito, as pessoas devem sentar-se e conversar, em benefício

AS REUNIÕES RESTAURATIVAS

de todos. Também possibilita mostrar a eles que quando as pessoas não conseguem dialogar e chegar a um acordo, não devem prolongar o conflito; ao contrário, devem pedir apoio a uma terceira pessoa para que interceda visando ajudá-las a clarificar e a solucionar a pendência. O mediador ajudará a mudar o nível e a intensidade do diálogo entre as partes envolvidas no comportamento prejudicial ou no conflito.

Fases do processo de mediação: abaixo faremos considerações sobre uma forma simplificada de abordagem mediativa (um modelo mais completo é apresentado no capítulo "Círculos restaurativos", quando trataremos do procedimento dos círculos, cujos roteiros podem ser usados aqui).

Introdução

a) **Concordância com a mediação:** as partes devem concordar com a mediação.

b) **Iniciar o processo com calma:** o mediador recebe gentilmente as pessoas envolvidas num conflito e as convida a se sentarem, de preferência uma de frente para a outra. Deixando-as à vontade, ele se aproxima calmamente e explica que está preocupado com elas e está ali para ajudá-las, através de um processo de mediação.

O mediador deve mostrar às partes que está preparado para ouvi-las, para que todos construam um acordo juntos; deve explicar que ele não escolhe os lados e nem conta como resolver o problema, pois ele somente instigará e ajudará as partes a construírem as suas próprias soluções para o problema. Deve utilizar-se de argumentações, como: "*vocês têm um problema. Por que não resolvê-lo juntos, já que os dois lados poderão sair ganhando?*"

Nessa fase, o mediador deve pedir às partes para que:

1) restabeleçam o diálogo;

2) tentem resolver o problema;

3) usem a linguagem do "eu" (vide mais nos capítulos "Nível primário de intervenção" e "Círculos restaurativos") e não façam ataques;

4) não interrompam quando a outra parte estiver falando;

5) não culpem o outro ou façam xingamentos;

6) sejam confidenciais sobre as coisas que forem discutidas durante a mediação.

Desenvolvimento

Superada a fase introdutória, o mediador vai indagar das partes:

"Primeiro nós vamos falar sobre *o que aconteceu*? Quem gostaria de começar?" (normalmente começa-se com o relato da vítima).

O mediador pedirá que a parte relate objetivamente o fato ocorrido.

Após a parte terminar, o mediador faz uma reformulação do relato feito, num breve resumo, como por exemplo, "você relatou que ontem a noite foi agredido... etc". Depois, para assegurar que os fatos fiquem bem esclarecidos, se necessário faz mais perguntas, tais como: "explique mais sobre essa situação", "o que você pensou quando isso ocorreu?", "o que mais aconteceu?", "como você se sentiu?", "alguém mais foi prejudicado?".

Depois, faz as mesmas perguntas para a(s) outra(s) parte(s).

Após as exposições dos pontos de vista, peça a cada um dos envolvidos para que relate o que se sente com o problema e por quê. Em seguida pergunte como o conflito será resolvido.

Depois, pergunte se há alguma coisa a mais e faça um resumo das declarações e dos sentimentos de cada um dos envolvidos.

Focando o interesse das partes

A partir deste momento, o mediador também deverá identificar qual é o interesse das partes, indagando delas o seguinte: "o que você quer e por que você quer isso?". Aqui o mediador descobre sobre o interesse de cada uma das partes e se eles são compatíveis ou não.

Depois, vêm as perguntas-chave: "o que pode ser feito para reparar o mal causado?"; "quem gostaria de começar?". Não havendo resposta, o mediador deve perguntar ao autor do fato: "o que você pode fazer aqui e agora para ajudar a resolver o problema?" O mediador deve repetir a resposta e, em seguida, fazer a mesma pergunta para a(s) outra(s) parte(s).

Se houver dificuldades para a resposta ou para a construção do acordo, o mediador deve perguntar: "o que você poderia dizer para outra pessoa que tivesse um problema similar?"; "como poderia ser trabalhada uma solução para o caso?", "poderia você pensar em alguma coisa a ser feita?", "pode você relatar mais sobre a sua ideia?", "o que aconteceria se vocês não encontrassem uma solução para o problema?".

Solucionando o problema através do "ganha-ganha"

O mediador deve ajudar os envolvidos a encontrarem uma solução que seja boa para eles e para as suas necessidades. Deve ajudá-los a construírem uma solução específica: quem fará o que, quando, onde e como?

Relate novamente a solução encontrada e pergunte a cada um deles se concordam com ela.

Em seguida, o mediador deve agradecer as partes pelo sucesso da mediação.

Observação: sugerimos que cada coordenador faça um resumo das fases da mediação e o coloque-o num cartaz a ser afixado na sala reservada às mediações. Também os roteiros de perguntas devem ser afixados em cartazes nas salas das reuniões restaurativas. Elaborar resumos e roteiros de perguntas permitirá que o mediador possa consultá-los, quando necessário, até que aos poucos ele veja que o processo é bem simples.

Mediação de pares

A mediação feita por um estudante (ou vários estudantes) da mesma categoria dos demais, devidamente capacitados para atuar como mediadores nas disputas dos seus pares, chama-se "mediação de pares" ou "mediação de iguais". O próprio aluno pode ser um mediador, porque a mediação na escola deve se basear numa lógica de parceria, através da qual os próprios estudantes podem ajudar os seus colegas a resolver seus problemas.

Segundo Schabbel (2002: 38), embora a mediação de pares não seja aplicável a todos os contextos e não seja apropriada para todos os tipos de disputa, é um "instrumento valioso para que alunos assumam um controle maior sobre suas vidas e habilidades para resolver problemas e disputas". Ela incentiva o diálogo e os mediadores são facilitadores que não tomam decisões, mas trabalham para um resultado "ganha-ganha".

Os programas de mediação de pares começaram a ser desenvolvidos no final dos anos 1970 e início dos anos 1980, em Nova York, como parte dos projetos de não violência promovidos nas escolas e, conforme Morrison (2005: 309), esses programas são meios extremamente populares de solucionar conflitos nas escolas, e existem, literalmente, aos milhares em diversos países.

Uma forma bem interessante a ser utilizada é a comediação, através da qual, dentro do possível, dois ou mais alunos podem atuar como mediadores. Dois mediadores trabalhando juntos no mesmo processo podem ser mais eficientes com a comunicação entre as partes, para dividir a responsabilidade pelo trabalho e para chegar ao consenso. A experiência pode ser testada em cada unidade escolar e no cotidiano. O coordenador pode entender que, para determinado caso, não seja necessária a atuação de uma dupla de mediadores e para outros sim. Em regra, quanto mais comediadores para cada caso melhor.

Para o sucesso do programa de mediação de pares e das reuniões restaurativas de forma geral, é importante que a escola toda esteja comprometida com a filosofia do programa e que os alunos aprendam as habilidades básicas de comunicação sugeridas, como escuta ativa, pensamento crítico e assertividade.

Com o passar do tempo, os professores compreenderão a importância do programa, pois na prática eles terão um grupo de apoio para manter a ordem e averiguar os conflitos, ficando mais livres para se dedicar ao seu trabalho pedagógico.

Objetivos da mediação de pares (Schabbel, 2002: 38)

1) Criar vínculos cooperativos e senso de comunidade na escola.

2) Melhorar o ambiente na sala de aula pela diminuição da hostilidade e tensão.

3) Desenvolver o senso de coletivismo.

4) Melhorar as relações professor/aluno.

5) Incrementar a participação dos alunos nos projetos da escola e da comunidade.

6) Resolver conflitos menores entre pares e que interferem nos processos educativos.

7) Valorizar os alunos incrementando a autoestima.

8) Mudar os parâmetros de comunicação e linguagem.

9) Incentivar valores e responsabilidades pelo todo.

Como implantar a mediação entre pares: (ressalto que este é um roteiro simplificado. Para uma forma mais completa, sugiro que sejam utilizados os procedimentos dos círculos restaurativos, apresentados nos capítulos seguintes)

1) Deverão ser selecionados os alunos para treinamento, num número razoável que possa permitir revezamentos. A seleção deve ser feita conforme o perfil ideal de um mediador, acima citado.

2) É necessário que a escola tenha uma pessoa para coordenar, supervisionar e dar as instruções sobre a mediação. Pode ser o professor-coordenador ou outro profissional; não havendo disponibilidade, poderá ser algum pai ou membro voluntário da comunidade. A ele caberá divulgar o programa em toda a comunidade escolar. supervisionar e acompanhar a continuidade do programa, mantendo a comunidade escolar informada sobre o programa.

3) Deve haver um treinamento básico, que pode ser feito através de conversas sobre os requisitos acima, seguidas de algumas dinâmicas sugeridas neste livro e simulações de casos concretos que tenham ocorrido na escola, observando-se o desenvolvimento escolar e social, bem como o contexto dos alunos.

4) O projeto de mediação escolar deve ser divulgado para os alunos.

5) Depois da divulgação para os alunos, deve ser feita a divulgação do projeto para os pais.

6) A escola deve cuidar da logística do programa e organizar os meios para implementá-lo.

Antes de iniciar o programa, é importante que a escola:

1) Promova encontros entre os pais, alunos, professores e pessoas da comunidade para a informação da importância do programa e da nova filosofia a ser seguida pela escola para a solução dos conflitos. O programa, para ser bem-sucedido, precisa ser aceito e conhecido por todos;

2) Prepare todo o corpo docente e administrativo da escola para a execução do projeto. É importante que todos estejam envolvidos, pois serão os professores e funcionários que encaminharão os casos à mediação, evitando que se continue a resolver os conflitos escolares pelos meios tradicionais.

3) Delimite os casos que devem ser levados para as mediações, principalmente aqueles atinentes ao relacionamento entre os pares, à indisciplina e à manutenção da ordem escolar. Casos mais graves poderão demandar a intervenção através do "Círculo Restaurativo", ou, se forem casos gravíssimos, a eventual intervenção do poder público;

4) Estabeleça regras para a mediação como: horários, dias de funcionamento, número de sessões, quais serão os mediadores, quem será o coordenador, além de um local adequado para se realizar a mediação.

Observação: as fases do processo de mediação de pares são as mesmas da mediação comum.

Atividades práticas para reflexão

Atividade 1: Conte uma história

Duração: a critério de cada educador.

Fase 1: Situações reais permitirão que os estudantes se inspirem nas formas não violentas de solução de conflitos para resolver problemas cotidianos e entender melhor a mediação. Dessa forma, o educador deve perguntar aos alunos se eles participaram ou presenciaram uma situação na qual alguém ajudou um indivíduo ou um grupo de indivíduos a solucionar um conflito. Explique a eles que essa terceira pessoa que ajuda um indivíduo ou grupo de indivíduos a solucionar problemas nada mais é do que um mediador.

O monitor pede que um ou mais alunos descrevam a situação concreta para toda a classe e expliquem como o mediador ajudou a solucionar aquele problema exemplificado. Depois dos relatos, o educador deverá perguntar a toda classe que qualidades um mediador deve possuir para conduzir bem o trabalho (por exemplo, saber ouvir bem, ser criativo, ser justo). O educador poderá transmitir aos alunos os passos para uma mediação eficiente (veja acima as fases de um processo de mediação).

Fase 2: Ao final, o educador deve perguntar aos participantes se o problema foi um bom exemplo para o enfrentamento de situações semelhantes na vida cotidiana. Deve ainda questioná-los sobre qual é a importância de um conflito ser solucionado pacificamente e quais as consequências de o conflito ser resolvido pela violência. Em seguida deve questionar por que a intervenção do mediador é importante.

Atividade 2: Atividade sobre a lógica "ganha-ganha" na solução de conflitos

Fase 1: Ler o seguinte caso para os alunos (ou colocá-lo num quadro):

Uma pequena história sempre lembrada na literatura sobre mediação de conflitos é aquela em que duas pessoas brigam porque ambas queriam a única laranja existente. Uma solução justa seria dividir a laranja ao meio. No caso, diante do conflito, o mediador buscou conhecer o que cada uma delas desejava da laranja. A posição estava clara: ambas queriam a laranja! Mas qual era o interesse efetivo de cada uma delas? Após o processo de mediação do conflito instalado, chegaram à conclusão de que uma delas desejava o suco da laranja, enquanto a outra desejava fazer um doce de laranja utilizando-se da casca. Uma extrairia o suco e a outra ficaria com a casca.

Foi o que ocorreu e ambas ganharam.

Fase 2: Formar um círculo grande e debater com a turma.
1) Por que o caso era conflitante?
2) O que é um conflito?
3) Por que a solução dada foi de "ganha-ganha"?
4) Numa conversa sobre conflitos, é certo dizer que uma das partes tem de ceder?
5) É correto dizer que numa negociação, o bom é quando chegamos a um ponto nas discussões no qual todas as partes saiam satisfeitas, ainda que tenham de ceder?
6) Quando as partes não chegam a um acordo na negociação e precisam de um mediador, como este deve proceder para convencer as partes a chegarem a uma solução que atenda a todos?

Fase 3: Exemplificar ou pedir aos alunos que exemplifiquem outros casos com soluções parecidas (negociações e mediações nas quais algum familiar tenha participado; negociações comerciais entre pessoas, empresas ou países etc.).

CÍRCULOS RESTAURATIVOS

Dentre as opções de práticas restauradoras temos os chamados círculos restaurativos, nos quais as discussões são feitas em grupos, através de círculos. Na prática são encontros feitos para restaurar as relações. A nomenclatura não é padronizada e muitas vezes vamos encontrar nomes diversos para a mesma prática. Os procedimentos também são variáveis de país para país. Por esse motivo, e por questões práticas, vamos nominar "mediação" o encontro que envolve apenas as pessoas diretamente conflitantes e o mediador, e "Círculo Restaurativo" a reunião que envolva as pessoas conflitantes, outras pessoas que possam ter interesse ou colaborar com a solução do conflito (familiares, professores, funcionários, pessoas da comunidade etc.) e o facilitador.

O nome "Círculo Restaurativo" se deve ao fato de que as pessoas envolvidas num conflito fazem uma reunião em círculo com a ajuda de um facilitador e de outras pessoas interessadas em ajudar na solução do caso. Nessa reunião, todos falam; os envolvidos poderão discutir, refletir, se redimir e recuperar a harmonia e a paz entre eles. É um encontro para restaurar as relações abaladas por algum problema. Ele evita que o conflito permaneça entre as partes e gere mais problemas no futuro. Essa prática de sentar e conversar após uma briga ou um ato de violência é muito comum em povos indígenas e nas comunidades orientais, como é o caso dos maoris na Nova Zelândia, dos aborígenes na Austrália e do povo timorense, em Timor Leste.

Os círculos restaurativos são recomendados e podem ser aplicados em todos os tipos de conflitos, desde os mais insignificantes até os mais complexos, desde os individuais até os grupais. Podem ainda ser aplicados das mais variadas formas, dependendo da estrutura, da organização e da filosofia de cada unidade escolar. Não há um modelo formal a ser seguido, pois tal qual a "Justiça Restaurativa", que é uma filosofia e não um modelo (Wachtel, 1999), as práticas restaurativas escolares também assim devem ser consideradas.

Por oportuno, observamos que os casos, ainda que graves, ocorridos dentro do ambiente escolar e que tenham repercussão apenas no local, devem ser resolvidos somente na escola. Não dá para dizer que toda infração escolar pode e deve ser considerada ato infracional, à luz do Estatuto da Criança e do Adolescente. Por esse motivo entendemos que somente devem ser comunicados à Delegacia ou à Justiça da Infância e Juventude os casos graves de infração que não poderão ser resolvidos pela escola, tais como abuso sexual, tentativa de homicídio, tráfico de drogas, entre outros.

Entretanto, se ocorrer o contrário, ou seja, se outro órgão público comunicar a escola à respeito da prática de algum ato infracional praticado pelo aluno fora dela, o caso deverá ter tratamento diverso: a escola deverá trabalhar o problema em conjunto com esse órgão e com a rede protetiva.

Como a escola pode organizar reuniões restaurativas?

Em primeiro lugar, é importante dizer que não existem rituais prontos e padrões exclusivos para as reuniões restaurativas. Entretanto, existem alguns parâmetros de orientação e certos procedimentos que podem e devem ser seguidos para uma melhor sistematização nas escolas e maior eficiência dos trabalhos. Esses procedimentos podem ser ajustados e adaptados conforme as particularidades culturais de cada espaço e de cada comunidade nas quais as reuniões restaurativas serão aplicadas. Para tanto, antes da aplicação das reuniões restaurativas deverá haver uma preparação prévia do espaço escolar e a orientação de todos os envolvidos: professores, funcionários, gestores, pais, alunos e comunidade. Depois, as reuniões restaurativas deverão ser conduzidas por um coordenador apto a fazer a preparação, a condução e o posterior acompanhamento dos resultados do encontro.

Pré-condições para o funcionamento dos círculos

a) **Equipe:** formar a equipe ou reunir os voluntários que serão os coordenadores dos círculos restaurativos e montar uma escala de trabalho com eles.

É preciso determinar os facilitadores das práticas restaurativas. Esse(s) facilitador(es) pode(m) ser alunos com mais experiência e com facilidade de comunicação, professores da própria escola ou ainda voluntários da comunidade. A escola pode optar por ter facilitadores dentro da unidade escolar para questões mais simples, rotineiras, e contar com o apoio de líderes facilitadores da comunidade para questões mais complexas, lembrando que a participação da comunidade sempre é desejável para manter mais um elo entre escola-comunidade.

b) **Arrumar um local para o funcionamento dos círculos:** o local deve ser privativo, para que os participantes tenham tranquilidade e a necessária privacidade para os diálogos. Na escola, deve haver a indicação dos dias e horários de funcionamento dos círculos (é recomendável que os círculos ocorram com a frequência de pelo menos uma vez por semana, e durem de duas a quatro horas. Se a escola dispuser de mais tempo, melhor).

c) **Solicitação e rotinas:** os procedimentos para a solicitação de um processo restaurativo devem estar claros e serem conhecidos de todos. Em um local previamente definido, por exemplo, na secretaria da escola, deverá haver um caderno no qual o estudante solicitará o círculo (ou a mediação, se for o caso), anotando o seu nome e o período em que estuda.

Para aqueles estudantes mais inibidos ou vitimizados, em vez de levá-los a procurarem o local onde se encontra o caderno para anotar o seu nome, sugerimos que se disponibilize um baú de sugestões, para mediação ou "Círculo Restaurativo", no qual a pessoa colocará um papel dobrado com o seu nome e a sala em que estuda (o coordenador do círculo depois repassará os dados no caderno).

Se o aluno vier encaminhado para a direção da escola por ato indisciplinar, a direção poderá lhe oferecer a participação no círculo como alternativa à punição prevista nas regras disciplinares da escola. Caso o aluno aceite, deverá ser feita a anotação do seu nome no caderno, e ele deverá ser procurado pelo coordenador do círculo para marcar o pré-círculo, já ciente de que irá participar posteriormente do círculo.

d) **Autorização dos responsáveis:** os pais ou responsáveis devem dar uma autorização para que os filhos menores participem das mediações e dos círculos. Essa autorização pode ser dada no momento da matrícula do filho na escola.

e) **Comunicação e informação:** para que todos os envolvidos na realidade escolar (alunos, professores e funcionários em geral) possam procurar as formas alternativas de resolução de conflitos, dentre os quais os círculos restaurativos, é necessário que haja uma grande campanha de divulgação junto à comunidade escolar.

A divulgação do funcionamento das mediações e dos círculos deverá ser ampla e geral, através de palestras, murais, cartazes e outros meios. Esses meios de divulgação deverão ser claros quanto às seguintes informações: a) o que são as mediações e os círculos e como eles funcionam; b) quais os passos de funcionamento dessas dinâmicas; c) quais são os horários, dias e locais de funcionamento e d) como uma pessoa pode solicitar uma mediação ou um círculo.

Quem pode ser coordenador das reuniões restaurativas (mediações e círculos restaurativos)

Como vimos, qualquer pessoa que tiver disponibilidade para trabalhar como voluntário pode ser coordenador das reuniões restaurativas (mediador para as mediações e facilitador para os círculos restaurativos). Pode ser uma criança, um adolescente ou um adulto, e o trabalho dessa pessoa será o de coordenar uma mediação ou um "Círculo Restaurativo". Se a unidade escolar possuir condições, poderá haver alguns profissionais especialmente habilitados para exercer tais funções, como professor comunitário, professor-coordenador, funcionário, pai de aluno, membro da comunidade, assistente social, entre outros, contando com a preciosa ajuda de alunos voluntários para atuar como cofacilitadores.

É importante que essa pessoa tenha disponibilidade para oferecer pelo menos duas horas semanais de trabalho voluntário à escola. Além disso, em razão de coordenar uma atividade com outras pessoas, é importante que o mediador ou facilitador possua também: boa aceitação na escola; boa autoestima; tenha compromisso com o diálogo e o desejo de escutar o outro; aceite a autonomia da vontade das partes (respeite as decisões das partes) e tenha um treinamento básico para iniciar os trabalhos.

Como já apontamos, a mediação e os círculos restaurativos não são métodos ou processos com regras exatas. Por isso, ambas requerem muita flexibilidade e espontaneidade dos mediadores e facilitadores, de acordo com cada situação. Há alguns procedimentos a serem trilhados, mas na prática o mediador e o facilitador exercem papéis proativos e são responsáveis por criar e manter uma atmosfera que promova a cooperação e a solução de problemas de forma colaborativa. Uma vez seguidos os passos básicos, na hora do encontro restaurativo, cada caso é diferente do outro e exige um conjunto de habilidades a serem aplicadas em cada situação. Muitas vezes, o mediador ou facilitador trilhará múltiplos e imprevisíveis caminhos que levarão as partes conflitantes a continuar a cooperação até chegarem ao consenso. A prática no dia a dia será muito importante para o aprendizado, e o facilitador verá que, além das qualidades acima, será preciso muito bom senso em cada situação.

Atitudes básicas do coordenador (mediador ou facilitador)

A seguir elencamos as atitudes básicas a serem buscadas ou seguidas por um mediador ou facilitador.

a) **Ter comprometimento:** o mediador ou facilitador é uma pessoa encarregada de restaurar relações rompidas. Por isso deve coordenar a reunião sem críticas ou julgamentos. O seu trabalho é ser um facilitador, buscando fazer com que cada uma das pessoas da reunião fale e seja ouvida, esclarecendo dúvidas e trilhando o caminho do diálogo, até chegar a um bom termo.

b) **Incentivar a linguagem do "eu" nas reuniões:** ao promover o encontro das partes, o mediador ou facilitador deve logo de início mostrar a elas a importância da linguagem "eu" (Drew, 1990: 70). Na primeira fase da reunião, as "mensagens-eu" são formas simples de dizer o que cada pessoa envolvida está sentindo. Portanto, a parte deve-se utilizar da primeira pessoa, por exemplo: "eu estou chateado por esse motivo"; "eu não gostei daquela atitude", "fiquei ofendido porque você me xingou", "estou triste porque você pegou o meu material", "em minha opinião isso poderia ser resolvido de outra forma, o que você acha disso?". As "mensagens-eu" ajudam as pessoas a compreenderem "o outro lado", tornam mais claro o ponto de vista da outra pessoa e a abrem o diálogo de uma forma não acusatória.

O coordenador deve mostrar às partes que as "mensagens-você" são acusatórias e invadem o íntimo da outra pessoa. São exemplos de "mensagens-você": "você é um chato", "você me irrita", "você fez isto ou aquilo"; "você está errado".

O coordenador deve mostrar às partes que é possível solucionar um problema utilizando-se de uma linguagem mais construtiva e restaurativa, e que a linguagem do "eu" permite que a pessoa se expresse melhor. A linguagem do "eu" deve levar a três momentos da fala: a) no primeiro, a pessoa expressa o seu sentimento: "eu sinto...", "eu estou chateado..." etc.; b) no segundo, a justificativa: "estou chateado porque você me chamou por um apelido de que não gosto" e c) depois um apelo à solução: "estou chateado porque você me chamou por um apelido de que não gosto; eu o perdoo, mas que tal se você não mais me chamar de tal forma?".

c) **Utilizar-se de perguntas:** após a fase inicial dos relatos, o coordenador deve utilizar-se de perguntas. Em vez de polemizar, acusar, ou formar rápido juízo de valor, o coordenador deve perguntar primeiro sobre os pontos do conflito, o que o gerou, por que a vítima se sentiu ofendida, por que o ofensor tomou aquela atitude etc. As perguntas esclarecem, não ofendem, e através delas o mediador passa a entender melhor o problema e ajudar as partes a entenderem melhor o problema do outro.

d) **Usar e incentivar a escuta ativa:** o coordenador (mediador ou facilitador) deve mostrar às partes a importância de se ter reciprocidade na comunicação, ou seja, as pessoas que estão se comunicando estão comprometidas com o processo de ouvir atentamente a outra parte e trocar informações. Por isso, o coordenador, no primeiro passo da reunião, deve mostrar às pessoas que ele está interessado em ouvir os seus relatos e as suas opiniões e está prestando atenção ao que elas dizem. Deve escutar, sempre, com toda atenção, o que está sendo dito e sentido pelo outro. Somente pessoas que se sentem verdadeiramente escutadas estarão dispostas também a escutar e aceitar um acordo.

Para uma boa escuta ativa, o coordenador deve proceder da seguinte forma: manter uma postura relaxada; evitar escutar e realizar outra atividade ao mesmo tempo; participar ativamente da conversa, com receptividade e com boa disposição; não interromper a pessoa no meio da fala; fazer perguntas e ser compreensivo.

e) **Construir a empatia:** a empatia nada mais é do que o sentimento de imaginar-se no lugar da outra pessoa, principalmente numa situação de dificuldade ou de sofrimento, para tentar entender as suas razões. O coordenador (mediador ou facilitador), ao mostrar o seu interesse e empatia, está estimulando a outra parte a falar mais, permitindo uma maior profundidade na discussão e promovendo a horizontalidade. Além disso, visualizando as coisas do ponto de vista do outro, fica mais fácil perceber a situação de modo imparcial e completo. A empatia facilita a descoberta do interesse comum a ser buscado.

f) **Estabelecer a igualdade na comunicação:** o coordenador (mediador ou facilitador) deve permitir que uma parte expresse claramente as suas opiniões e os seus pensamentos, mas respeite o igual direito dos outros. Depois de escutar atentamente o que cada um tem a dizer, o coordenador deve promover uma conversa em que todos respeitem o direito dos demais de se expressarem.

g) **Orientar a comunicação sobre fatos e sentimentos:** o coordenador deve orientar e incentivar as partes a compartilharem os seus sentimentos sobre o problema com as demais pessoas da reunião, mostrar por que estão se sentindo daquela maneira e o que pensam sobre o conflito. Também é importante que as partes compreendam o ponto de vista dos demais.

h) **Enfocar a necessidade das pessoas:** o processo restaurativo deve levar à reflexão e ao esclarecimento do dano emocional e material sofrido com o problema. Por isso, o coordenador deve levantar as consequências sofridas e as necessidades que as pessoas passaram a ter como resultado. Muitas vezes, por exemplo, uma vítima não quer reparação monetária pelo dano sofrido, mas gostaria de um pedido de desculpas e da promessa de que tais fatos não mais vão ocorrer. Portanto, os interesses devem ser levados em conta na hora do acordo, e não deve existir a necessidade da imputação de culpa ou da vergonha nos envolvidos.

j) **Orientar para a clareza na comunicação:** o coordenador deve mostrar para as partes envolvidas que é importante a clareza na comunicação; ser claro é ser assertivo e permitir que os envolvidos digam sim ou não. Quando a parte tem uma reclamação, ela deve ser clara e específica.

Tudo deve ser feito com gentileza, mas as partes devem dizer não ao comportamento imoral, ilegal ou injusto. A comunicação restaurativa deve se basear em princípios éticos e não no desejo de simplesmente agradar o outro.

k) **Separar o problema pessoal do problema material:** quando o conflito for pessoal e, ao mesmo tempo, material, o coordenador da reunião restaurativa deverá ensinar as partes a separar o problema pessoal do problema material. Em primeiro lugar, é importante que o coordenador cuide do problema pessoal, ou seja, da relação; num segundo momento, com a relação restaurada, as partes ficarão mais tranquilas para cuidar do problema material.

l) **Demonstrar respeito e ser imparcial:** o coordenador deve dar um tratamento respeitoso para todos os participantes da reunião restaurativa. Além disso, o processo restaurativo deve compreender a realidade dos envolvidos sem que nenhum preconceito prejudique ou interfira no trabalho.

m) **Considerar a experiência da vítima:** os sentimentos, os danos físicos ou psicológicos, as perdas e as observações da vítima precisam ser levados em conta sem questionamentos, censuras, críticas ou aconselhamentos. O mal a ela causado deve ser reconhecido e não pode ser ignorado, minimizado ou banalizado, evitando-se a revitimização da vítima.

n) **Ajudar os envolvidos a discutir e a trabalhar juntos o problema:** o coordenador é responsável pelo processo de mediação ou do "Círculo Restaurativo" e não pela solução do problema, cuja responsabilidade é dos envolvidos. Dessa forma, quando as partes colaboram, são capazes de encontrar as suas próprias soluções.

A ideia é que a partir dos relatos, o coordenador vá incentivando um e outro para encontrar as soluções. A melhor solução para o caso deverá trazer satisfação para todos.

o) **Identificar a confirmar as obrigações do infrator:** o coordenador deve deixar bem claro, ao final da reunião restaurativa, quais serão as obrigações do infrator para com a vítima e a comunidade. Essas obrigações devem ser assumidas de forma livre, sem coações. O processo para ser restaurativo precisa que o infrator se responsabilize pelos seus atos e assuma voluntariamente as responsabilidades e obrigações.

Os resultados das reuniões restaurativas devem ser transformativos, ou seja, devem atender às necessidades presentes e preparar para o futuro, sem se preocupar com punições em relação ao passado. Os resultados da reunião restaurativa devem ser relevantes para ajudar a vítima a se curar das feridas e a reintegrar o infrator.

Em suma, um bom coordenador é uma pessoa que:

- tem capacidade de escuta e tolerância e sabe sentir o que o outro está sentindo;
- possui estabilidade emocional;
- tem atitude de confiança, segurança e senso de justiça;
- se interessa de verdade pelo outro e faz perguntas para conhecê-lo melhor;
- é respeitoso e trata as partes com compreensão;
- possui confidencialidade: o coordenador não pode revelar os fatos, situações e acordos feitos durante a mediação ou nos círculos;
- gosta mais de observar as pessoas do que fazer julgamentos e criticas; tem facilidade em se expressar e em se expor;
- fica animado com novos desafios e aprendizados;
- faz treinamento e adquire competência e passa a exercer a tarefa somente quando acredita estar minimamente habilitado.

Procedimento do "Círculo Restaurativo"

O "Círculo Restaurativo" é a mais completa das práticas restaurativas porque possibilita o encontro entre todas as pessoas envolvidas em um conflito, além do facilitador e demais interessados, como familiares e pessoas da comunidade.

A essência dos círculos restaurativos está no funcionamento coordenado entre a escola, a família e a comunidade. Outros órgãos públicos e redes de atendimento aos direitos da criança e do adolescente poderão ser partícipes no processo, sobretudo nos casos mais complexos ou que envolvam alunos mais problemáticos. A articulação coor-denada entre todos os atores do processo permite um "Sistema Restaurativo" eficiente.

Em síntese, o processo reúne as pessoas mais afetadas pelo conflito ou problema para que conversem a respeito do caso, com destaque sobre: a) o que aconteceu; b) como o incidente os afetou e c) como consertar o dano feito. Os envolvidos podem convidar familiares ou pessoas da comunidade para o apoio, e um facilitador coordenará os trabalhos.

Embora possa ser realizado da maneira mais informal possível, é adequado que o "Círculo Restaurativo" seja constituído por uma sequência de encontros interligados, coordenados por um facilitador, que formam o procedimento restaurativo. Esses encontros são estruturados para

> apoiar seus participantes na transição de uma experiência negativa de conflito, para a experiência da possibilidade de mudança, aprendizado e convivência futura. Passar por essa transição significa perceber-se como coautor do processo, saindo do lugar de espectador das suas próprias emoções e das demais pessoas envolvidas (Ednir, 2007: 71).

Etapas do procedimento restaurativo

O procedimento restaurativo envolve três etapas: o pré-círculo (preparação para o encontro com os participantes); o círculo (realização do encontro propriamente dito) e o pós-círculo (acompanhamento).

a) **Pré-círculo:** nessa fase, o facilitador faz um encontro separadamente com cada uma das partes envolvidas e escuta, de maneira empática, essas pessoas. O facilitador explica como funciona o "Círculo Restaurativo", define a questão a ser abordada no círculo, os passos do procedimento oferecido, a sua meta, o acordo e a sua avaliação pós-círculo. Havendo o consentimento das partes envolvidas, elas indicarão os outros participantes que desejam ver participando do encontro, como familiares, colegas, outras pessoas afetadas, vizinhos, funcionários da escola etc.

É importante notar que a participação nas reuniões restaurativas (mediações e círculos restaurativos) deve ser voluntária. Ninguém pode ser coagido a participar. A escola deve incentivar a participação, pois mesmo que os acordos não saiam, o processo restaurativo por si só tem um grande valor. Entretanto, a participação é livre, assim como são livres as falas, os atos e as decisões daqueles que participam das reuniões restaurativas.

1) **Pré-círculo** (Ednir, 2007):

> **Antes:** há o acesso ao círculo, ou seja, é o momento em que o solicitante registra o seu pedido; o facilitador, então, se prepara e faz a acolhida. Na acolhida, o facilitador contata o solicitante e as demais partes.
> **Durante:** nessa fase o facilitador ouve a descrição do fato, de forma objetiva; faz a escuta empática e aguarda o consentimento da parte.
> 1.1) Descrição do caso: conforme nos ensina Ednir (2007), a descrição do ato deve ser feita de forma simples, objetiva, direta e sem avaliação, pois quanto menos juízo de valor, melhor. A parte deve descrever somente aquilo que foi ouvido ou visto no momento em que os fatos ocorreram. As perguntas são: como foi o evento/acontecimento? O que foi feito? O que foi dito?
> Com as informações, o facilitador perguntará: "o que foi feito ou dito que você gostaria de tratar no círculo"?

CÍRCULOS RESTAURATIVOS

1.2) Escuta empática: no momento do pré-círculo, a escuta serve como "recurso de transição do foco na definição do ato cometido para o foco nas consequências do ato para as pessoas" (Ednir, 2007: 77). A ideia é ouvir a parte de forma empática, demonstrando a intenção de compreender respeitosamente a experiência atual do outro.

1.3) O consentimento: na terceira fase do pré-círculo, há três perguntas a nortearem a atuação do facilitador (cf. Ednir, 2007: 79): a) "Você pode me dizer o que compreendeu até agora sobre o 'Círculo Restaurativo'?" (que já foi explicado pelo facilitador); b) "Quem mais precisa estar presente para encerrar este conflito?", visando descobrir mais sobre o contexto que envolveu o ato e quais outras pessoas estão direta ou indiretamente envolvidas no evento. Quanto mais pessoas evolvidas estiverem presentes no círculo, melhor, pois o acordo tenderá a ser mais eficaz (o facilitador anotará os nomes para fazer contato com elas, informando que não há certeza de que as demais pessoas aceitem o convite para participar do círculo); c) "Consente, então, em participar ativamente no Processo Restaurativo?"; havendo a confirmação, encerra-se o pré-círculo.

Depois: há o agendamento do círculo e a preparação do espaço.

Resumo do pré-círculo (Ednir, 2007)

Antes
- Acesso ao Círculo: o solicitante registra seu pedido;
- Preparação do facilitador – momento individual – reflexão; coletivo – apoio dos pares;
- Acolhida: facilitador contata o solicitante e depois as demais partes.

Durante
- Descrição do ato danoso, sem julgamento;
- Escuta empática;
- Consentimento informado: "O que você compreendeu até agora sobre o Círculo?"; "Quem mais deve estar presente para encerrar esse conflito?"; "Concorda, então, em participar do Processo Restaurativo?".

Depois
- Agendamento do Círculo;
- Preparação do espaço.

b) **Círculo:** o círculo é o momento do encontro entre o ofensor, a vítima, o facilitador e as demais pessoas da comunidade. Nesse momento, o diálogo é o ponto de partida para que as partes, de forma colaborativa, desejem um acordo. Através da comunicação, busca-se a compreensão mútua, faz-se uma análise do ocorrido e de como as partes se encontram no momento. Depois, as pessoas fazem um retrospecto do ato e identificam a suas necessidades, buscando-se, em seguida, o acordo. Com ele, há a restauração da situação, com responsabilidades e prazos definidos para eventuais obrigações a serem cumpridas.

O momento do círculo pode ser delicado e difícil; no início as partes provavelmente terão dificuldades para a restauração e cura dos traumas oriundos do conflito. Por isso, nesse momento, o facilitador buscará restaurar e conectar as relações que foram quebradas pelo conflito ou pela violência. Ele deve ter sensibilidade suficiente para conduzir a reunião, as propostas, e precisa usar as suas habilidades para permitir um bom desenvolvimento dos trabalhos no círculo.

O facilitador conduzirá os trabalhos, buscando um acordo, num espaço de poder que é compartilhado e cujas relações se organizam horizontalmente, ou seja, todos têm voz ativa, participam e devem ser compreendidos. O facilitador deverá estimular a segurança, a confiança das partes e o tratamento digno entre os participantes.

Passos a serem trilhados no círculo

Abertura: As pessoas irão até a sala de reunião dos círculos e serão acolhidas pelo facilitador. Este fará as saudações para as pessoas, recebendo-as atenciosamente. As partes serão organizadas em círculo e se posicionarão à vontade, em cadeiras. Muitas vezes, a vítima pode pedir para ficar sentada distante do autor.

O facilitador (ou facilitadores, se houver mais de um) agradece a presença de todos e calmamente pede que eles se apresentem, solicitando que cada um diga o seu nome. Depois, explica o seu papel naquele círculo, esclarecendo que ele está ali para ser um coordenador do diálogo entre as pessoas e celebrar um acordo no final. Depois, deverá relembrar o procedimento a ser seguido (é importante que no local haja um cartaz com os passos e a sequência do círculo, objetivando esclarecer todas as pessoas) e pedirá a todos para assinarem o termo de consentimento.

Em seguida, brevemente, o facilitador fala dos propósitos do círculo, mais ou menos nos seguintes termos:

- "O que pretendemos com este círculo é que haja uma compreensão mútua e um pacto, um acordo entre os envolvidos";
- "Para atingir esta finalidade, vamos dar oportunidade para que cada um fale e ouça. Por isso, precisamos restabelecer a comunicação entre os envolvidos aqui presentes";
- "Para que todos possam falar à vontade, nenhum de nós poderá fazer julgamentos, aconselhamentos e reprovações";
- "Precisamos da participação de todos em todas as fases desta reunião."
Feitas tais considerações, passaremos à fase da compreensão mútua, cujo foco está nas necessidades atuais.

Momento 1: fase da compreensão mútua: antes que todos falem sobre os fatos, é importante saber como as pessoas estão no momento, se estão bem ou mal. Usualmente, a vítima/receptor do fato começa a falar. Por isso, o facilitador indagará a essa pessoa, que chamaremos de "A": "Como você está passando atualmente depois do que aconteceu, e quais as consequências para você?". A pergunta pode ser também: "O que quer que o outro saiba sobre como você está neste momento?"

Em seguida, o coordenador perguntará à pessoa "B", normalmente o ofensor/autor do fato: "O que você compreendeu do que ele disse?" e pede para que ele se manifeste, resumidamente, por suas próprias palavras, de forma simples e breve, sobre o que foi dito por "A". Como já vimos, essa técnica de resumir o que o outro disse, chama-se "técnica da reformulação" e tem o objetivo clarificar ou confirmar a compreensão da mensagem. Além disso, a reformulação mostra um sinal de respeito e apreço pelo outro que está falando, pois significa que estamos tendo cuidado na interpretação das suas palavras. A reformulação possibilita uma comunicação sem distorções e leva à cooperação.

Depois, o coordenador pergunta para a pessoa "A": "Você disse tudo e se sente compreendido?". Nesse ponto, o papel do coordenador é ajudar a vítima/receptor do fato a ter os seus sentimentos e suas necessidades compreendidas pelo ofensor/autor do fato, se necessário auxiliando na comunicação. Se a pessoa "A" confirmar que disse tudo o que queria e foi ouvida, a mesma dinâmica se repete, agora com os papéis invertidos, iniciando-se com a pessoa "B", que passa a se expressar, e a pessoa "A" passa a escutar. É mantida a "técnica da reformulação".

Ressalte-se que, no início, o facilitador vai ajudar no diálogo, indagando da parte se ela compreendeu o que ouviu. Ele ajuda a repetir as perguntas e depois as pessoas vão, por elas próprias, repetindo as questões. Conforme Ednir (2007), em muitos casos o facilitador não precisa continuar repetindo a pergunta "O que você compreendeu do que ouviu?", pois os envolvidos assumem a prática, cuja estrutura é das mais simples. Há então um ciclo – mensagem enviada pelo emissor (quem falou) – impressão recebida pelo destinatário (quem escutou) – confirmação ou correção, pelo emissor, da impressão do destinatário – que continua.

É importante que o coordenador mantenha o foco nas necessidades (veja mais sobre as necessidades no Apêndice F) para manter a comunicação de forma isenta e sem julgamentos. É inevitável que surjam desabafos, que deverão ser acolhidos com imparcialidade e empatia. Essas necessidades podem ser as mais diversas, dependendo do caso; normalmente são necessidades de compreensão, respeito, segurança, proteção, privacidade, empatia, lazer, pertencimento, liberdade, entre outras.

Para auxiliar as partes e possibilitar que as necessidades da vítima sejam compreendidas por todas as pessoas do círculo, é conveniente que o coordenador utilize-se de perguntas empáticas, como por exemplo: a) "Você está inseguro e teme que tais fatos ocorram novamente?"; b) "Você está assustado com as ameaças e por isso está se sentindo inseguro e quer proteção?"; c) "A sua privacidade é violada quando todos pegam a sua bolsa e abrem-na perto dos outros?"; d) "A sua honra é violada quando colocam este apelido em você"? e) "Quando todos os colegas olham para você e te cumprimentam, você sente atendida a sua necessidade de respeito?".

As perguntas são livres e poderão ser adaptadas a cada caso concreto, como: "Você está sentindo tristeza?" – "Não, eu estou sentindo raiva!" – "Então o que você precisa é de compreensão?" – "Sim, um pedido de desculpas e a promessa de que tais fatos não ocorram já resolveria o meu problema".

Nesse momento, o coordenador busca facilitar ao ofensor/autor dos fatos a compreensão das necessidades da vítima/receptor. As perguntas empáticas auxiliam a redirecionar a escuta de todos para as necessidades das partes.

Uma vez satisfeita a vítima/receptor do fato, por ter sido ouvida e compreendida em suas necessidades, é chegada a hora da manifestação da comunidade (pais, familiares, funcionários, pessoas da comunidade etc.) que é convidada a falar; ou seja, todos aqueles que foram convidados para participar do círculo terão a palavra e deverão fazer comentários gerais ou específicos, com foco nos fatos. Todos deverão ter a oportunidade de expressão dentro do círculo e deverão se sentir satisfeitos por terem sido escutados sobre as suas necessidades. No momento em que todos declararem os seus desejos e aspirações e terem sido compreendidos, as conexões estão estabelecidas e as partes já se encontram aptas a abordar a questão em si, ou seja, a partir do momento em que as partes puderem encarar os outros no círculo, a discussão do problema central poderá ser feita livremente.

Se as desavenças entre as partes forem muitas, com sucessivos eventos, é recomendável que a sessão trate apenas de um dos problemas, para começar o diálogo, mantendo-se o foco no problema relatado no pré-círculo, evitando que a reunião vire um bate-boca com várias acusações recíprocas. Depois, à medida que a comunicação correr bem, pode-se tratar das várias pendências e construir um acordo único.

> Pensar em disciplina restaurativa é fazer uma mudança completa na forma de olhar as infrações escolares e os conflitos interpessoais. Em vez de pensar o que vamos fazer com o transgressor, como normalmente ocorre nas práticas tradicionais, temos uma série de perguntas a serem feitas sobre a infração, contando com o apoio da vítima, do agressor e das demais pessoas envolvidas ou que dão suporte a ambos. Para tanto, temos as seguintes perguntas principais (que se recomenda sejam colocadas em cartazes e expostas nas salas de reuniões restaurativas):
>
> 1) O que aconteceu?
> 2) O que você estava pensando e como você estava se sentindo?
> 3) Quem foi lesado ou prejudicado e quais foram as lesões ou danos causados?
> 4) Como estimular e envolver todos os que foram lesados para seguirem um caminho conciliatório e reparar o mal causado?

CÍRCULOS RESTAURATIVOS

5) Como os envolvidos podem, no futuro, mudar as suas atitudes para que situações parecidas não mais se repitam? (ou o que aprendemos todos, de modo a
fazer escolhas diferentes da próxima vez?)

Na abordagem tradicional, as perguntas seriam as seguintes:

1) O que aconteceu?
2) Quem é o culpado?
3) Qual é a punição mais adequada?

Momento 2: fase da autorresponsabilização: nessa etapa, buscaremos saber quais as necessidades de cada um no momento dos fatos, bem como as necessidades que não foram atendidas. Aqui todos falam como estavam e o que queriam na hora do ato.

A fase começa com a pergunta do coordenador para a pessoa "B", usualmente o autor do fato: "O que você estava precisando no momento do fato?". Com a resposta, o coordenador pergunta para a pessoa "A": "O que você entendeu do que ele disse?", e esta vai responder resumindo o que disse a pessoa "B", usando a mesma dinâmica comunicativa anterior, com a "técnica da reformulação". Em seguida, o coordenador pergunta para a pessoa "B": "Você se sente compreendido?". Outra pergunta pode ser feita: "Como vocês estão, neste momento, em relação ao fato e às suas consequências?".

Por fim, a comunidade (pais, familiares, funcionários, pessoas da comunidade etc.) é convidada a falar, ou seja, todos aqueles que foram chamados para participar do círculo terão a palavra e deverão fazer comentários gerais ou específicos, com foco nos fatos, até que todos possam se dar por satisfeitos, expressando que foram compreendidos.

Momento 3: fase do acordo: por fim passaremos ao terceiro momento que será o do acordo, quando se buscará atender às necessidades dos participantes. Nesse momento, as pessoas que estão no círculo serão solicitadas a pedir e a sugerir alternativas. A pergunta norteadora é: "O que querem fazer agora, para solucionar o conflito?" ou "O que vocês querem pedir ou oferecer?" Abre-se o diálogo e aguardam-se as ofertas e as solicitações para a solução do problema, firmando-se um acordo claro e objetivo, com prazos e metas definidas. O coordenador deve atentar para que as necessidades não atendidas e expressas nos momentos 1 e 2 sejam resolvidas e contempladas.

Nos conflitos escolares, os principais compromissos serão de ordem pessoal, sob o encargo direto dos participantes, tais como: devolver um objeto furtado; se responsabilizar em não mais provocar a vítima; comprometer-se a reparar o dano; praticar serviços na escola; fazer um curso etc. Outros poderão ser necessários, tais como compromisso de obter apoio psicológico; compromisso de tratamento contra a dependência química etc.

Em regra, é conveniente que o acordo seja escrito e contenha o compromisso do infrator de consertar o dano, de pedir perdão ou se abster de determinada conduta. O acordo deve ser assinado pelo infrator e pelo facilitador do círculo.

Em seguida finaliza-se o processo, com o agradecimento aos participantes e com o agendamento do pós-círculo.

Resumos das etapas do círculo (cf. Ednir, 2007 e Machado, 2008)

Primeiro momento: compreensão mútua
- Todos falam e escutam como estão e o que querem agora;
- A se expressa diante de B;
- B resume o conteúdo do que ouviu de A;
- A e B – quem se expressou corrige ou confirma, até considerar que foi ouvido;
- C escuta e se expressa;
- A dinâmica continua até que todos digam: "sim, falei e fui ouvido".

Segundo momento: autorresponsabilização
- Todos falam e escutam como estavam e o que queriam na hora do ato;
- A e B – um se expressa diante do outro;
- B e A – o outro resume a essência do que ouviu;
- A e B – quem se expressou corrige ou confirma, até considerar que foi ouvido;
- C escuta e se expressa.

Terceiro momento: acordo
- Diálogo entre todos;
- Ofertas e solicitações visando à construção do acordo;
- Os planos são redigidos num acordo e o pós-círculo é agendado.

---

c) **Pós-círculo:** o pós-círculo é um encontro posterior, com os participantes do círculo, para verificação do nível de satisfação com o acordo proposto, principalmente em relação à vítima, e para análise do grau de restauratividade e o do cumprimento do acordo feito no círculo.

Nessa fase, pode ser feita a avaliação do "Círculo Restaurativo", através do preenchimento de um questionário de avaliação.

Instrumento de avaliação (pós-"Círculo Restaurativo") (cf. Machado, 2008)

1) **Você sentiu que foi ouvido?**
    ( ) sim
    ( ) em parte
    ( ) não

2) **Você considera que foi compreendido?**
    ( ) sim
    ( ) em parte
    ( ) não

3) **Você sabe o que lhe foi oferecido?**
    ( ) sim
    ( ) em parte
    ( ) não

4) **Com relação ao que vai acontecer a seguir**
( ) Concordo – sim
( ) Concordo em parte
( ) Não concordo – não
5) **Você gostaria de fazer mais alguma observação?**
....
....
....

Importante:

É bom lembrar que nas reuniões restaurativas, os julgamentos, as acusações e as rotulações devem ser totalmente eliminados da linguagem. O objetivo é traduzir o discurso dos conflitos em uma comunicação transparente e livre desses fatores que obstruem um bom acordo.

Os ingredientes a serem usados são os da comunicação não violenta, através da qual são expostos os fatos de uma situação, sem interpretação ou opinião; reconhecem-se os sentimentos implícitos; identificam-se quais necessidades humanas estão ou não sendo atendidas e apontam-se quais ações se gostaria de ver executadas para satisfazê-las.

Essas são as considerações sobre as reuniões restaurativas! Esperamos que elas possam ser usadas com frequência nas escolas. Procuramos traçar os procedimentos básicos a serem seguidos, mas lembramos que elas podem ser usadas até de maneira mais informal, pois não podemos burocratizar ou tornar complexo algo que muitos outros povos fazem com muita naturalidade: sentar em círculo para, olho no olho, restabelecer diálogos, restaurar as relações e reparar o mal causado.

Atividades práticas para reflexão

Atividade 1: Estudo de casos

Os casos abaixo são relatos de ocorrências escolares que passaram pela nossa Promotoria da Infância e Juventude. Tais casos, exemplificativamente, poderão ser discutidos com todos os envolvidos no processo restaurativo, para fins de simulações, ou mesmo para discussão com os alunos em salas de aula. São casos de ocorrências mais graves; outros exemplos, com ocorrências mais simples e corriqueiras, também são importantes.

Caso 1: Uma jovem numa escola foi humilhada porque teria preferência sexual por pessoas do mesmo sexo. Os abusos verbais foram incessantes, por longos períodos, até que o caso foi parar na Delegacia. Havia um grupo de colegas da jovem que impingia as humilhações. Na Promotoria, reunimos todas as pessoas envolvidas. Após a reunião restaurativa, na qual todos se manifestaram, a jovem vítima narrou o seu sofrimento e todos os demais falaram também. Houve pedidos de desculpas e a promessa de que tais fatos não mais ocorreriam. Meses depois, a vítima foi chamada à Promotoria e confirmou que as agressões verbais haviam cessado e as relações com ela passaram a ser respeitosas.

Caso 2: Um jovem de 16 anos tentou suicídio e ficou vários dias internado por ter tomado remédios em excesso. A mãe do jovem sabia que ele estava sofrendo *bullying* na escola por parte de outros três colegas e levou o caso à polícia. O jovem narrou que os seus colegas o apelidavam e o ameaçavam constantemente; chegaram a cuspir no seu rosto por algumas vezes, diante dos demais colegas, que sempre sorriam ou gargalhavam. Na Promotoria, demos a palavra a todos os envolvidos, que estavam com os seus respectivos familiares. A história do jovem teve tanto impacto sobre os agressores, que eles chegaram a chorar, ao perceberem o mal que causaram. Os pais dos agressores também ficaram impressionados. Ao final, todos concordaram em olhar um para o outro, houve pedidos de desculpas e um acordo foi redigido. O resultado foi comunicado à escola, que passou a acompanhar o pós-acordo. Informações posteriores deram conta de que o caso havia sido bem resolvido e que os agressores passaram a ter mais a atenção da escola.

Caso 3: Três jovens participaram do arrombamento da Secretaria da escola onde estudavam. Foram identificados e o caso chegou até a Promotoria da Infância e Juventude. Fizemos uma reunião com todos os jovens envolvidos, os seus pais e os representantes da escola. Depois de todos se expressarem, os alunos informaram que estavam arrependidos, que gostariam de reparar os danos, mas que não tinham dinheiro. Foi feito um acordo escrito no qual a escola repararia os danos, mas os jovens fariam o trabalho de apoio e coordenação de um mutirão de limpeza que a escola faria dias depois. Além disso, pediram desculpas. Informações posteriores da escola deram conta que aquele acordo restaurativo ajudou a transformar aqueles jovens em alunos cooperativos, contribuindo para a coesão no ambiente escolar.

RESTAURAÇÕES

Construir uma cultura de cooperação, de prevenção à indisciplina, de não violência e de resolução pacífica dos conflitos nas escolas é um desafio permanente, que deve fazer parte de uma filosofia cotidiana de trabalho.

Trabalhar as práticas restaurativas nas escolas, para evitar que os conflitos se transformem em violência, é um aprendizado e uma construção incessante; praticar as reuniões restaurativas quando o conflito surgir mais intensamente é a melhor forma de restaurar relações e permitir que as crianças e os jovens desenvolvam concretamente o aprendizado de valores humanos essenciais como o respeito, a amizade, o pertencimento, a conexão, a humildade, a honestidade, a solidariedade, o perdão, entre outros.

Prevenir e gerenciar a violência nas escolas significa tornar a própria sociedade menos violenta, pois quanto mais os jovens gerenciarem positivamente os seus conflitos, menos violentas serão as escolas e menos jovens serão autores ou vítimas de atos violentos, seja no presente ou no futuro.

Esperamos que a escola possa trabalhar mais e melhor os valores da convivência harmoniosa entre todos, da cooperação e da paz. Acreditamos na utopia de que um dia todas adotem as práticas restaurativas. A utopia nos faz pensar positivo e caminhar. Como nos versos da poetisa Cora Coralina, "o que vale na vida não é o ponto de partida e sim a caminhada. Caminhando e semeando, no fim terás o que colher".

BIBLIOGRAFIA

ABRAMOVAY, Miriam (coord.). *Escolas inovadoras*: experiências bem-sucedidas em escolas públicas. Brasília: Unesco, Ministério da Educação, 2004.

_____; RUA, Maria das Graças. *Violências nas escolas*. Brasília: Unesco/Instituto Ayrton Senna/UNAIDS/Banco Mundial/USAID/Fundação Ford/CONSED/UNDIME, 2003.

AMADO, João da Silva. Indisciplina e violência na escola: conceitos, interrogações e respostas. *Revista Teoria e Prática da Educação*, v. 7, n. 2, pp. 217-25, maio/ago. 2004, Universidade de Lisboa, Lisboa.

AMNESTY INTERNATIONAL. *First Steps*: A Manual for Starting Human Rights Education. Human Rights Education Team, Amnesty International Secretariat. London. United Kingdom, 1996.

ANDRADE, Fernando Cézar Bezerra de. *Ser uma lição permanente*: psicodinâmica da competência inter-relacional do(a) educador(a) na gestão de conflitos e na prevenção da violência na escola. João Pessoa, 2007. Tese (Doutorado em Educação) – Universidade Federal da Paraíba.

BRANCHER, L. *Manual de práticas restaurativas*. Brasília: PNUD, 2006, v. 1.

CEATS/FIA. *Bullying Escolar no Brasil*: sumário executivo. São Paulo: CEATS/FIA, 2010.

CHABOT, Daniel; CHABOT, Michel. *Pedagogia emocional*: sentir para aprender. São Paulo: Sá Editora, 2005.

CHRISPINO, Álvaro. *Gestão do conflito escolar*: da classificação dos conflitos aos modelos de mediação. Ensaio: aval. pol. públ. Educ., Rio de Janeiro, v. 15, n. 54, p. 11-28, jan./mar. 2007.

COMPARATO, Fábio Konder. *A afirmação histórica dos Direitos Humanos*. 3. ed. São Paulo: Saraiva, 2003.

COSTA, Antonio Carlos Gomes da. *Educação*: uma perspectiva para o século XXI. São Paulo: Canção Nova, 2008.

DELORS, J. Educação: um tesouro a descobrir. *Relatório para a Unesco da Comissão Internacional sobre Educação para o século XXI*. São Paulo: Cortez/Unesco/MEC, 2004.

DISKIN, Lia. *Paz, como se faz?* Semeando cultura de paz nas escolas. Brasília: Unesco/Palas Athena/Fundação Vale, 2008.

DREW, Naomi. *A paz também se aprende*. São Paulo: Gaia, 1990.

EDNIR, Madza (org.). *Justiça e educação em Heliópolis e Guarulhos*: parceria para a cidadania. São Paulo: CECIP, 2007.

FANTE, Cleo. *Fenomeno bullying*: como prevenir a violência nas escolas e educar para a paz. 2. ed. rev. e ampl. Campinas: Verus, 2005.

FERNÁNDEZ, Isabel. *Prevenção da violência e solução de conflitos*: o clima escolar como fator de qualidade. São Paulo: Madras, 2005.

FLOWERS, Nancy. *Human Rights Here and Now*: Celebrating the Universal Declaration of Human Rights. Human Rights Educators' Network. Mineápolis MN: Minesota University, 1998.

FREIRE, Paulo *Ação cultural para a liberdade*. Rio de Janeiro: Paz e Terra, 1976.

_____. *Pedagogia do oprimido*. Rio de Janeiro: Paz e Terra, 1977.

_____. *Educação como prática da liberdade*. 14. ed. Rio de Janeiro: Paz e Terra, 1983.

_____. *Pedagogia da autonomia*: saberes necessários – à prática educativa. 8. ed. São Paulo: Paz e Terra, 1998.

GOMES, Candido Alberto. *Abrindo espaços*: múltiplos olhares. Brasília: Unesco/Fundação Vale, 2008.

GROSSI, Patrícia Krieger Grossi, SANTOS, Andréia Mendes dos Santos, OLIVEIRA, Simone Barros de Oliveira, FABIS, Camila da Silva. Implementando práticas restaurativas nas escolas brasileiras como estratégia para a construção de uma cultura de paz. *Revista Diálogo Educ.*, Curitiba, v. 9, n. 28, p. 497-510, set./dez. 2009.

GUIMARÃES, M. R. *Educação para paz*: sentidos e dilemas. Caxias do Sul: EDUCS, 2005.

HEREDIA, Ramón Alzate Saéz de. Enfoque global de la escuela como marco de aplicacion de los programas de resolución de conflictos. In: *Educación escolar – propuestas, reflexiones y experiencias*. Florencia Brandoni (Comp.). Buenos Aires, Barcelona, México: Paidos, 1999.

HOLTHAM, Jeanette. *Taking Restorative Justice to schools*: a doorway to discipline. Austrália, Queanbeyan: Homestead Press. 2009.

HOPKINS, Belinda. *Just Schools – a Whole School Approach to Restorative Justice*. London: Jessica Kingsley Publiscers, 2004.

HOUAISS, Antonio. *Dicionário Houaiss da Língua Portuguesa*. Rio de Janeiro: Objetiva, 2002.

KRUG, E. G; DAHLBERG, L. L; MERCY, J. A. et al. *World report on violence and health*. Geneva: WHO, 2002. Também disponível em: <http://www.who.int/violence/injury prevention>.

LA TAILLE, Yves de. *Formação ética*: do tédio ao respeito de si. Porto Alegre: Artmed, 2009.

LIEBER, Carol Miller. *Making Choices About Conflict, Securit and Peacemaking*. Curators of the University of Missouri for the Center for International Studies. St. Louis: University of Missouri-St. Louis, 1994.

_____; LANTIERI, Linda; RODERICK, Tom. *Conflict Resolution in the High School*. Cambridge, 1998.

LOUREIRO, Luciane Bueira e GROSSI, Patrícia Krieger. *A "Justiça Restaurativa" nas escolas de Porto Alegre*. Disponível em: <http://www.catedra.ucb.br/sites/100/122/00000072.pdf>. Acesso em: maio de 2010.

MACDONALD, Nicole. *Ohio Commission on Dispute Resolution and Conflict Management*. Ohio: 2000. Disponível em: <http://disputeresolution.ohio.gov/pdfs/cmw2000hsag.pdf>, Acesso em: fev. de 2010.

MACHADO, Cláudia (org.) *Cultura de paz e "Justiça Restaurativa" nas escolas municipais de Porto Alegre*. Porto Alegre: Prefeitura Municipal/Secretaria Municipal de Educação, 2008.

MACHADO, Cláudia, BRANCHER, Leoberto e TODESCHINI, Tânia Benedetto. Justiça para o século XXI: instituindo práticas restaurativas: círculos restaurativos: como fazer? *Manual de procedimentos para coordenadores*. Porto Alegre: Ajuris, 2008.

MARSHALL, Chris; BOYACK, Jim&BOWEN, Helen. Como a "Justiça Restaurativa" assegura a boa prática: uma abordagem baseada em valores. In: BASTOS, Márcio Thomaz; LOPES, Carlos; RENAULT, Sérgio Rabello Tamm (orgs.). *"Justiça Restaurativa"*: coletânea de artigos. Brasília: MJ e PNUD, 2005. Disponível em: <www.justica21.org.br/interno.php?ativo=BIBLIOTECA>. Acesso em jun. de 2010.

MORIN, Edgar. *Os sete saberes necessários à educação do futuro*. Trad. Catarina Eleonora F. da Silva e Jeanne Sawaya. São Paulo: Cortez; Brasília: Unesco, 2000.

MORRISON, Brenda. "Justiça Restaurativa" nas escolas. In: BASTOS, Márcio Thomaz; LOPES, Carlos e RENAULT, Sérgio Rabello Tamm (orgs.). *"Justiça Restaurativa"*. Brasília: MJ e PNUD, 2005. Disponível em: <www.justica21.org.br/interno.php?ativo=BIBLIOTECA>. Acesso em jun. de 2010.

NASCIMENTO, André Luis; LEONELLI, Margaret; AMORIM, Simone; LEONELLI, Vera. *Guia de mediação popular*. Salvador: Juspopuli, 2007.

NOLETO, Marlova Jovchelovitch. *Abrindo espaços*: educação e cultura para a paz. 4. ed. rev. Brasília: Unesco/Fundação Vale, 2008.

OLIVEIRA, Maria Coleta; MUSZKAT, Malvina; MUSZKAT, Susana UNBEHAUM, Sandra. *Mediação familiar transdisciplinar*: uma metodologia de trabalho em situações de conflitos de gênero. São Paulo: Summus, 2008.

PACHECO, Florinda Maria Coelho. *A gestão de conflitos na escola*: a mediação como alternativa. Lisboa, 2006. Dissertação (Mestrado em Administração e Gestão Educacional) – Universidade Aberta de Lisboa.

PARRAT-DAYAN, Silvia. *Como enfrentar a indisciplina na escola*. São Paulo: Contexto, 2008.

PIAGET, Jean. *Estudos sociológicos*. São Paulo: Forense, 1973.

BIBLIOGRAFIA

_____. *O juízo moral na criança*. 3. ed. São Paulo: Summus, 1994.

PINSKY, Jaime; PINSKY, Carla Bassanezi (orgs.). *História da cidadania*. São Paulo: Contexto, 2003.

PINSKY, Jaime (org.). *12 faces do preconceito*. 10. ed. São Paulo: Contexto, 2011.

PINTO, Renato Sócrates Gomes. *A construção da "Justiça Restaurativa" no Brasil. O impacto no sistema de justiça criminal*. Disponível em: <http://www.ibjr.justicarestaurativa.nom.br/arquivos/artigos.htm>. Acesso em: mar. de 2010.

RELATÓRIO, Mundial sobre Violência e Saúde. Organização Mundial de Saúde, Genebra, 2002.

ROSEMBERG, Marshall B. *Comunicação não violenta*: técnicas para aprimorar relacionamentos pessoais e profissionais. São Paulo: Ágora, 2006.

SANTOS, Ester Mascarenhas dos. *O bullying em uma escola filantrópica*: as crianças contam suas histórias. Niterói, 2007. Monografia (Trabalho de conclusão do curso de Pedagogia) – Universidade Federal Fluminense.

SCHABBEL, Corinna. *Mediação escolar de pares*. São Paulo: WHH, 2002.

SECRETARIA de Justiça e Direitos Humanos do Estado de Pernambuco. *Fundamentos e Relações Interpessoais na Mediação de Conflitos*. Recife, 2006.

THORSBORNE, M.; VINEGRAD, D. *Restorative Practices in Classrooms*: Rethinking Behaviour Managemen (Manuscript held by Margaret Thorsborne and Associates, Buderim, Queensland, Australia), 2004.

_____; BLOOD, Peta. *The Challenge of Culture Change*: embedding Restorative Practice in Schools. Sydney, Austrália: 2005. Disponível em: <http://www.thorsborne.com.au/>. Acesso em: abr. 2010.

URBAN, Hal. *Palavras positivas, mudanças significativas*. Rio de Janeiro: Sextante, 2007.

VASCONCELOS, Carlos Eduardo de. *Mediação de conflitos e práticas restaurativas*. São Paulo: Método, 2008.

VINYAMATA, Eduard (org.). *Aprender a partir do conflito*: conflitologia e educação. Trad. Ernani Rosa. Porto Alegre: Artmed, 2005.

WACHTEL, Ted. *Restorative Justice in Everyday Life*: Beyond the Formal Ritual. Paper presented at the "Reshaping Australian Institutions Conference: Restorative Justice and Civil Society," The Australian National University, Canberra, February 16-18, 1999. Disponível em: <http://www.anu.edu.au/>. Acesso em: mar. de 2010.

ZEHR, Howard. *Trocando as lentes*: um novo foco sobre o crime e a justiça. Trad. Tonia Van Acker. São Paulo: Palas Athena, 2008.

ZENAIDE, Maria de Nazaré Tavares et al. *Ética e cidadania nas escolas*. João Pessoa: Editora Universitária, 2003.

Sites consultados

http://dh.educacaoadistancia.org.br/arquivos/oferta3/Modulo_06.pdf

http://disputeresolution.ohio.gov/

http://filmestopdown.blogspot.com/
http://geocities.yahoo.com.br/

http://interfilmes.com/

http://kidshealth.org/

http://school.discovery.com/

http://www.adorocinema.com/

http://www.cdof.com.br/recrea5.htm

http://www.dontlaugh.org/pdf/guide.pdf

http://www.educapaz.org.br/

http://www.goodcharacter.com/GROARK/Conflicts.html

http://www.justica21.org.br/

http://www.nida.nih.gov/

http://www.planetaeducacao.com.br/

http://www.portacurtas.com.br/

http://www.ritaalonso.com.br/

http://www1.umn.edu/humanrts/

http://www.state.oh.us/cdr/

APÊNDICES

APÊNDICE A

MODELO DE GUIA DO PROCEDIMENTO RESTAURATIVO
(adaptado do modelo disponível em: www.justica21.org.br)

DADOS GERAIS

( ) "Círculo Restaurativo" (com a participação da vítima)
( ) "Círculo Restaurativo" (sem a participação da vítima)

Unidade escolar:
....

Data do relatório:
....

Coordenador:
....

Cocoordenador (se tiver):
....

Nome do ofensor:
....

Nome da vítima:
....

Nome de outros envolvidos (se for o caso):
....

PRÉ-CÍRCULO

Informações gerais sobre o caso

• Obter todas as informações possíveis sobre o caso através da leitura de documentos e de contatos informais para clarear a visão do que realmente aconteceu.

• Anotar as fontes de informações usadas:
....
....
....
....
....

Resumo do caso

• Elaborar um resumo escrito dos fatos, contendo data, local e testemunhos. O resumo deve ser breve, preciso, objetivo e de fácil leitura.

• Anotar o resumo dos fatos:
....
....
....
....
....

APÊNDICE A

Relação de convidados para o círculo

- Listar as pessoas que deverão participar do círculo (estimular a participação de várias pessoas). Além das partes envolvidas e de seus apoiadores diretos (familiares, pessoas da escola, colegas etc.), é possível que existam outras pessoas que os envolvidos queiram incluir para ajudar a solucionar os conflitos.

Nome do convidado	Condição*	Endereço**	Bairro	Data da visita/contato
01 –				
02 –				
03 –				
04 –				
05 –				
06 –				
07 –				
08 –				
09 –				

* Condição: uso de siglas ao lado de cada nome: O – ofensor; V – vítima; AO – apoiador do ofensor; AV – apoiador da vítima; RE – referência escolar; RC – referência comunitária;

** O endereço deve ser detalhado, com rua, número, complemento, telefone residencial, celular, e-mail etc.

Convite aos participantes

- Realizar reuniões pré-círculo com o ofensor e a vítima.
- Explicar os princípios das práticas restaurativas e os procedimentos: motivos, objetivos, participantes, expectativas, como será o encontro, condições, resultados, benefícios esperados, data, horário, local.
- Conferir o resumo dos fatos.

Anotações da reunião pré-círculo com o ofensor:
....
....
....

Anotações da reunião pré-círculo com a vítima:
....
....
....

CÍRCULO

Dados gerais

Data: .... Local: ....
Duração do encontro: ....

Acolhimento: saudações aos participantes e contatos iniciais. Dedicar especial atenção à recepção da vítima.

Instalação: quando todos estiverem em seus lugares, declarar a abertura dos trabalhos, agradecendo a presença de todos e convidando-os a se apresentarem.

APÊNDICE A

Participantes

Anotar dados das pessoas que realmente participaram do círculo.

Nome do participante	Condição*	Idade	Sexo
01 –			
02 –			
03 –			
04 –			
05 –			
06 –			
07 –			
08 –			
09 –			

* Condição: uso de siglas ao lado de cada nome: O – ofensor; V – vítima; AO – apoiador do ofensor; AV – apoiador da vítima; RE – referência escolar; RC – referência comunitária.

Introdução

• Informar os participantes sobre o propósito do círculo (por exemplo, "o que pretendemos neste círculo é que seja possível realizar uma compreensão mútua entre todos os envolvidos, oportunizar que todos falem e sejam ouvidos, que se responsabilizem pelas suas escolhas e, finalmente, fazer alguma combinação ou acordo. Este trabalho é baseado no diálogo e no respeito, sem julgamentos ou perseguições").

• Explicar os procedimentos básicos que serão seguidos.

• Explicar o papel do facilitador (por exemplo, "Meu papel será manter as etapas do processo, ajudar as pessoas a falarem e a ouvirem umas às outras, e registrar o acordo").

• Reforçar a importância da participação ativa de todos em todas as etapas que vão se seguir.

• Ler o resumo dos fatos.

Momento 1: Foco na vítima

• A vítima fala sobre os seus sentimentos e as necessidades atuais decorrentes dos fatos.

• O ofensor diz o que ouviu a vítima dizer.

• A vítima confirma se o ofensor a compreendeu.

• A seguir, podem falar a respeito as pessoas da escola, da comunidade e de apoio à vítima.

Anotar manifestações mais relevantes:

....

....

....

....

Momento 2: Foco no ofensor

• O ofensor fala sobre os seus sentimentos e as suas necessidades atuais decorrentes dos fatos.

• A vítima diz o que ouviu o ofensor dizer.

APÊNDICE A

• O ofensor confirma se a vítima o compreendeu.

• A seguir, podem falar a respeito as pessoas da escola, da comunidade e de apoio ao ofensor.

Anotar manifestações mais relevantes:

....
....
....
....
....

Momento 3: Foco nos fatos

• O ofensor fala sobre as necessidades que estava procurando atender no momento em que praticou os fatos.

• A vítima diz o que ouviu o ofensor dizer. O ofensor confirma se a vítima o compreendeu.

• A seguir, podem falar a respeito as pessoas da escola e da comunidade.

Anotar manifestações mais relevantes:

....
....
....
....
....

Momento 4: Acordo

• Essa etapa pode ser introduzida fazendo-se um resumo das anteriores, mediante a recapitulação das necessidades não atendidas manifestadas pelos participantes.

Anotar as necessidades não atendidas:

Nome do participante	Necessidade
01 –	
02 –	
03 –	
04 –	
05 –	
06 –	

• A seguir, o facilitador encorajará os participantes a fazerem propostas para um provável acordo que lide com as necessidades não atendidas antes registradas, para assegurar a reparação ou compensação das consequências da infração, e para que o fato não se repita.

• O acordo consiste num plano de ações positivas. Os compromissos devem ser concretos e quantificáveis, com prazos definidos e identificação do responsável por cada ação (o que, quanto, quem, como, quando, onde?).

APÊNDICE A

- O ofensor fala se existe alguma coisa que ele poderia dizer ou fazer para a vítima.
- A vítima fala se aceita.
- A vítima fala se existe alguma coisa que poderia dizer ou fazer para o ofensor.
- O ofensor fala se aceita.
- As comunidades de apoio falam se há alguma forma de contribuir e apoiar no que foi proposto pelo ofensor e vítima.

Rascunhar a minuta do acordo:

Ação*	Participante responsável**	Condição***	Quando
01 –			
02 –			
03 –			
04 –			
05 –			
06 –			
07 –			
08 –			

* Descrever objetivamente cada compromisso assumido.
** Identificar o responsável pela ação.
*** Condição: uso de siglas ao lado de cada nome: O – ofensor; V – vítima; AO – apoiador do ofensor; AV – apoiador da vítima; RE – referência escolar; RC – referência comunitária.

- Depois da minuta, formalizar o acordo no formulário próprio, em três vias, a serem assinadas por todos. Entregar cópia para o ofensor, para a vítima e ficar uma com o coordenador.
- Marcar data para o pós-círculo (ou informar que haverá uma reunião, visita ou contato para conferir o cumprimento do acordo).

PÓS-CÍRCULO

- O pós-círculo abrange a verificação do cumprimento do acordo, a documentação e a comunicação dos seus resultados.

Anotar o nome das pessoas, o meio de contato e a data da verificação:

Nome do participante	Meio de contato	Data
01 –		
02 –		
03 –		
04 –		
05 –		
06 –		
07 –		
08 –		

APÊNDICE A

Anotar os resultados da efetivação do acordo:

Ação	Nome do participante	Observações sobre o cumprimento do acordo*
01 –		
02 –		
03 –		
04 –		
05 –		
06 –		
07 –		
08 –		

* Informar se a ação foi cumprida ou não, quando, como etc.

Anotar observações e sugestões (resultados a destacar, dificuldades e justificativas apresentadas, sugestões de como viabilizar algum encaminhamento pendente, por exemplo, obtenção de vaga, inclusão em programa, realização de novo "Círculo Restaurativo" etc.):

....
....
....
....
....

APÊNDICE B

AVALIAÇÃO DAS REUNIÕES RESTAURATIVAS

a) **Revisão de uma intervenção restauradora (para os participantes)**

Nome: .... Data: ....

Número de alunos / outros envolvidos: ....

1) Tipo de incidente: (assinale todos os aplicáveis)
.... (por exemplo indisciplina, *bullying*, abuso verbal, agressão física etc.);

2) Qual foi a resposta restaurativa?
( ) Negociação ( ) Mediação ( ) "Círculo Restaurativo"

3) O que foi feito para reparar o dano?
....

4) Em sua opinião o resultado foi:
( ) Satisfatório ( ) Insatisfatório ( ) Muito satisfatório

5) Para as pessoas envolvidas o resultado foi:
( ) Satisfatório ( ) Insatisfatório ( ) Muito satisfatório

6) Para o autor do fato o resultado foi:
( ) Satisfatório ( ) Insatisfatório ( ) Muito satisfatório

7) Para a(s) vítima(s) o resultado foi:
( ) Satisfatório ( ) Insatisfatório ( ) Muito satisfatório

8) Qualquer outro comentário?
....

b) **Questionário genérico para entrevistas com os participantes das reuniões restaurativas**

Nome: ....

Intervenção (mediação, "Círculo Restaurativo"): ....

1) Satisfação geral com o processo:
Ruim ( ) Bom ( ) Muito Bom ( ) Excelente ( )

2) Você se sentiu
a) Ouvido? ....
b) Que você teve oportunidade de falar? ....
c) Que a vítima teve voz e foi ouvida? ....
d) Que o autor do fato teve voz e foi ouvido? ....

3) As outras pessoas presentes tiveram a oportunidade de falar? ....

4) Você sentiu que o autor do fato:
a) Assumiu a responsabilidade? ....
b) Mostrou remorso? ....
c) Fez a reparação? ....

5) Você acha que o desfecho do caso foi justo? ....

APÊNDICE B

6) O que poderia ter sido feito para melhorar essa intervenção para você e para os outros?

7) Após a intervenção, em sua opinião, o relacionamento entre as pessoas da escola vai melhorar? ....

8) Como você acha que esta abordagem irá beneficiar
   a) O autor do fato ....
   b) A vítima ....
   c) A escola ....

9) Você recomendaria essa abordagem para seus pares? ....

   Observações / comentários:

c) Algumas perguntas adequadas para os pais

10) Como você ficou sabendo sobre o processo?

....

11) Antes da reunião, você sentiu que aquela era uma forma adequada de se lidar com a situação?

....

12) Para você, o que poderia ter sido feito para melhorar o processo?

....

13) Em sua opinião, a relação entre o jovem e a escola melhorou ou não?

....

APÊNDICE C

PERGUNTAS RESTAURATIVAS SUGERIDAS PARA AS REUNIÕES RESTAURATIVAS
(Hopkins, 2004)

QUESTÕES SUGERIDAS	FOCO
1) Ouvindo a história	
Você pode me explicar o que aconteceu?	pensamento (interpretação) e comportamento
O que você estava pensando naquele momento?	pensamento
Como você estava se sentindo naquele momento?	sentimentos
Quais foram os seus pensamentos desde então?	pensamento
Quais são os seus pensamentos agora?	pensamento
Como você está se sentindo agora?	sentimentos
Quem você acha que tem sido afetado por isto?	outros sentimentos, pensamentos e comportamentos.
2) Seguindo adiante	
O que você precisa fazer para quê: • as coisas possam ser corrigidas? • o mal possa ser reparado? • você possa seguir em frente?	comportamento
3) Clarificando o acordo	
O que você pensa sobre a sugestão de "fulano de tal"?	pensamento e sentimentos
O que mais você necessita/ou precisa fazer?	necessidades
Quando/como/onde isto irá ocorrer?	comportamento
Gostaria que o acordo fosse escrito?	necessidades
4) Reconhecimento, reabilitação e fechamento final	
Como esta situação pode ser tratada de forma diferente numa outra vez?	pensamento
Como você está se sentindo?	sentimento
Existe alguma coisa que você gostaria de dizer a alguém daqui?	comportamento

APÊNDICE D

QUESTIONÁRIO PARA AUTOAVALIAÇÃO DOS PROFISSIONAIS DA ESCOLA
(adaptado de Hopkins, 2004):

	sim	não	não sei
1) Eu respeito os sentimentos dos alunos, mesmo acreditando que muitas vezes são questões triviais?			
2) Eu encorajo os alunos a resolverem os seus próprios problemas em vez de oferecer soluções prontas?			
3) Esse incentivo transmite cuidado e preocupação?			
4) Se estou em um conflito com um aluno, colega ou parente, eu os convido para me darem uma perspectiva sobre o caso, antes de julgá-los?			
5) Eu tento entender as razões por trás do comportamento das pessoas.			
6) Eu sinto ou penso que sou um bom ouvinte?			

A política da escola é sustentada pelos valores abaixo indicados? (adaptado de Hopkins, 2004)

• Respeito mútuo ....

• Confiança ....

• Empoderamento ....

• Conexão ....

• Tolerância ....

• Integridade ....

• Congruência ....

• Incentivo às pessoas para desenvolver habilidades
para resolver os seus próprios problemas ....

• Aceitação de pontos de vista e de opiniões diversas ....

• Valorização do outro ....

• Reconhecimento ....

• Encorajamento ....

• Escuta ....

• Compartilhamento de ideias ....

• Aceitação de que erros acontecem e que aprendemos com eles ....

• Importância dos sentimentos, necessidade e direitos ....

APÊNDICE E

**MODELO DE CARTAZ OU PANFLETO PARA MOTIVAR A INSCRIÇÃO DE MEDIA-
DORES OU FACILITADORES VOLUNTÁRIOS DE REUNIÓES RESTAURATIVAS**
(Texto de cartaz para afixar no pátio, na entrada na escola e na sala dos professores):

PARTICIPE DAS MEDIAÇÓES OU DOS CÍRCULOS RESTAURATIVOS!

Estudante, familiar de alunos, morador da comunidade, aposentados,
profissionais em geral, funcionários da escola

SE VOCÊ É UMA PESSOA QUE SABE OUVIR OS OUTROS,
SE INTERESSA EM AJUDAR, ACREDITA NO DIÁLOGO COMO
FORMA DE RESOLVER PROBLEMAS E QUER CONQUISTAR
NOVOS HORIZONTES POR MEIO DE UM TRABALHO
VOLUNTÁRIO, INSCREVA-SE NESTA ESCOLA (nome da escola),
COM O FUNCIONÁRIO (nome do funcionário) PARA SER UM
"MEDIADOR OU FACILITADOR DE PRÁTICAS RESTAURATIVAS".

Você irá receber as devidas orientações sobre como realizar este trabalho nesta escola.

Condições: ter o perfil adequado, ser morador da comunidade e ter disponibilidade
para oferecer no mínimo 4 horas semanais de trabalho voluntário à escola.

Local: [Nome e Endereço da Escola; Falar com... (nome de quem recebe as inscrições)]

MODELOS DE "TERMO DE AUTORIZAÇÃO" E DE "TERMO DE ACORDO"

TERMO DE AUTORIZAÇÃO (pode ser feito no ato da matrícula)

Eu, ..., (pai, mãe ou responsável) pelo
aluno da .... série, da Escola ....,
autorizo o meu filho a participar de eventual reunião restaurativa para a qual for convida-
do na unidade escolar, a ser coordenada pela própria escola, e também das atividades de
pesquisa destinadas a avaliar essa experiência.

APÊNDICE F

NECESSIDADES E SENTIMENTOS

Com frequência, fazemos confusão entre necessidades e sentimentos. Os sentimentos refletem como nós estamos nos sentindo em relação ao que observamos. As necessidades são os valores, desejos etc. que estão gerando os nossos sentimentos.

Por isso devemos disponibilizar em cartazes aos facilitadores e aos alunos as listas das palavras abaixo para permitir que possamos auxiliar outros alunos a articular as suas necessidades e a separá-las dos seus sentimentos (Rosemberg, 2006):

Eu me sinto... (exemplos)

POSITIVO (quando as necessidades estão sendo atendidas)	NEGATIVO (quando as necessidades não estão sendo atendidas)
Aceitado	Abandonado
Admirado	Abatido
Agradado	Aflito
Agradecido	Amargo
Alegre	Amedrontado
Animado	Angustiado
Atendido	Ansioso
Calmo	Apático
Compreensivo	Assustado
Confidente	Aterrorizado
Confortável	Atormentado
Contente	Bravo
Encorajado	Cansado
Entusiasmado	Chateado
Esperançoso	Ciumento
Excitado	Frustrado
Extasiado	Furioso
Feliz	Horrorizado
Importante	Hostil
Incluído	Impaciente
Inspirado	Indiferente
Interessado	Insensível
Merecedor	Irado
Orgulhoso	Magoado
Otimista	Mal-humorado
Paciente	Nervoso

Pacífico	Oprimido
Poderoso	Pessimista
Relaxado	Péssimo
Respeitado	Receoso
Seguro	Sensível
Surpreso	Solitário
Tranquilo	Tenso
Útil	Triste

Rosemberg (2006) enfatiza que diversos conflitos podem ser evitados quando realmente temos a clareza sobre o que queremos. Porém, muitas vezes não temos de forma clara quais são as nossas necessidades. Por isso, listamos abaixo alguns exemplos de necessidades, de modo a poder identificá-las e, nas reuniões restaurativas, permitir que elas possam ser reconhecidas pelas partes, com o apoio do facilitador, e atendidas.

Eu necessito de... (exemplos)

Aceitação	Apreciação	Autonomia
Alegria	Beleza	Celebração
Amor	Bondade	Compreensão
Condecoração	Consideração	Contribuição
Conexão	Crescimento	Cultura
Consciência	Criatividade	Eficácia
Cooperação	Descanso	Evolução
Crédito	Humor	Exploração
Divertimento	Igualdade	Harmonia
Empatia	Inspiração	Imaginação
Espontaneidade	Participação	Integridade
Honestidade	Presença	Paz
Inclusão	Significação	Proteção
Liberdade	Suporte	Segurança
Respeito	Verdade	Toque

APÊNDICE G

ATIVIDADES E DINÂMICAS COMPLEMENTARES SOBRE PAZ E NÃO VIOLÊNCIA

ATIVIDADE 1: DISCUSSÃO LIVRE SOBRE O PERFIL DE UM PACIFISTA
(adaptado de Drew,1990):

Parte 1
Reflita com os alunos sobre o que é ser um pacifista. Quais as qualidades que um pacifista possui. O educador pode contribuir com as seguintes sugestões das qualidades de um pacifista, expostas num quadro ou num "flip chart":

> Pacifista é alguém que:
> - aceita as outras pessoas e se preocupa com elas;
> - tem boa autoaceitação e cuidado consigo mesmo;
> - é paciente;
> - ajuda e reconhece as qualidades de outras pessoas;
> - é criativo e tenta chegar a soluções, mesmo quando não parece haver nenhuma;
> - é capaz de mudar seu ponto de vista (portanto, é uma pessoa flexível);
> - tem visão aberta;
> - é dotado de uma variedade de sentimentos, inclusive a raiva, mas procura fazer o melhor para resolver conflitos pacificamente;
> - empenha-se o suficiente para tentar resolver os problemas, mesmo em situações desanimadoras;
> - sabe perdoar.

Parte 2
Com os alunos em círculo, reflita com eles sobre as questões seguintes.

1) se alguém possui todas as qualidades acima.

2) se algum aluno possui a maioria das qualidades acima e se é possível treinar para obter as demais qualidades.

3) Peça aos alunos para relatarem alguma experiência pessoal com uma das qualidades acima.

4) Pergunte se algumas vezes é difícil ser pacifista. Peça aos alunos para contarem experiências em que foi muito difícil ser um pacifista.

5) Mostre aos alunos que embora seja difícil manter um espírito pacífico o tempo todo, as coisas sempre acabam melhor quando escolhemos a paz, o entendimento, a cooperação e o respeito às divergências. Isso não quer dizer que tenhamos que aceitar pacificamente a agressividade alheia, mas devemos perguntar a nós mesmos se não há outra solução além de ficarmos agressivos também.

Indo além

Pesquisa 1: Peça aos alunos para pesquisarem sobre pessoas que foram pacifistas no Brasil e no mundo. Uma boa sugestão é fazer uma pesquisa sobre os últimos ganhadores do prêmio

Nobel da Paz. Os alunos deverão pesquisar sobre a vida de tais pessoas e sobre os motivos que as levaram a ganhar o prêmio Nobel da Paz tais como: quem foram? O que fizeram? De onde eram? Se o seu trabalho ajudou a transformar muita coisa no mundo, em prol da paz? etc.

Pesquisa 2: Incentive os alunos a pesquisarem o motivo pelo qual a pomba é o símbolo universal da paz. Peça para que pesquisem sobre o pintor espanhol Pablo Picasso (1881-1973) e a sua obra a *Pomba da Paz*, se possível pedindo para que eles tragam uma cópia da gravura para a sala de aula. A Unicef sempre produz cartões com temas sobre a paz e pode servir de inspiração para a atividade.

Com as pesquisas, promova um intenso debate com a classe, explorando as respostas e os trabalhos de cada grupo.

Se houver oportunidade, pedir aos alunos para elaborarem uma dissertação sobre a paz.

Para completar, ouça com os alunos músicas, nacionais ou não, sobre a paz. Sugestões: "O sal da terra", de Beto Guedes; "Comida", do grupo Titãs; "A paz", de Gilberto Gil; "Minha alma" (A paz que eu não quero), do grupo o Rappa; "Imagine", John Lennon.

ATIVIDADE 2: LEITURA DIRIGIDA E DISCUSSÃO SOBRE GANDHI

Parte 1

Faça uma leitura dirigida do texto abaixo e depois reflita com os alunos sobre a atuação de Gandhi na independência da Índia. Gandhi viveu, pensou e agiu, inspirado na visão de uma humanidade evoluindo em direção a um mundo de paz e harmonia.

> **O poder não violento: Mahatma Gandhi**
> Mohandas Karamchand Gandhi (1869-1948) foi um dos idealizadores e fundadores do moderno Estado indiano. Após anos de luta e ao eleger a *ahimsa* (não violência) como princípio de luta, ele teve parte importante nas tratativas que levaram à independência da Índia do jugo britânico, em 15 de setembro de 1947. Apesar de alcançada a independência, ele sofreu uma grande dor em razão do acordo pela independência ter proporcionado o nascimento de dois Estados: Índia e Paquistão. Ele sempre lutou pela unidade da nação e sonhava com a convivência pacífica entre hindus e muçulmanos. Para tanto, toda vez que tais povos entravam em conflito, ele realizava obras pela paz, chegando a fazer prolongados jejuns. Por pregar essa unidade, ele foi assassinado com três tiros por um hindu, que não concordava com a ação de Gandhi.
> Gandhi era chamado de Mahatma, que quer dizer "grande alma". Foi um dos maiores pacifistas do século XX. O princípio da ação de Gandhi era a não violência (*ahimsa*), e a forma de luta (*satyagraha*) apresentava métodos diversos como greve, desobediência civil, passeatas, jejuns etc. Os exemplos e os pontos essenciais das teorias de Gandhi inspiraram gerações de ativistas democráticos, praticantes de antirracismo e pensadores como Martin Luther King, Nelson Mandela, o papa João XXIII, entre outros.

Parte 2

Após comentar sobre Gandhi, você pode discutir com os seus alunos que pacifistas brasileiros e não brasileiros eles conhecem. Peça para fazerem uma pesquisa e elabore, separada em grupos, uma lista no quadro negro. Num lado coloque os brasileiros (por exemplo, Teotônio Vilela, Dom Paulo Evaristo Arns etc.). No outro lado coloque os estrangeiros (Gandhi, Nelson Mandela, Mikhail Gorbatchev etc.).

APÊNDICE G

Parte 3
Reflita com os seus alunos e promova um debate sobre as frases a seguir, proferidas por Gandhi, tentando compreender o significado e o alcance das expressões. Essas frases podem ser passadas no quadro ou afixadas em cartazes, para reflexões antes das aulas.

- "Para aquele que está em grau de controlar o próprio pensamento, todo o resto se torna simples jogo de crianças."
- "Nenhum homem é tão mau que não possa se autorrealizar."
- "Se um único homem chegar à plenitude do amor, neutraliza o ódio de milhões."
- "O que pensais – passais a ser."
- "A verdadeira beleza, aquela que eu pretendo, está em fazer o bem em troca do mal."
- "A vida é a maior de todas as artes."
- "A não violência dos fortes é a força mais potente do mundo."
- "A satisfação está no esforço e não apenas na realização final."
- "O meu amor não é exclusivo. Não posso amar os muçulmanos ou os hindus e odiar os ingleses."
- "Um homem não pode fazer o certo numa área da vida, enquanto está ocupado em fazer o errado em outra. A vida é um todo indivisível."
- "A humanidade não pode libertar-se da violência senão por meio da não violência."
- "Não existe um caminho para a paz; a paz é o caminho."
- "Aquilo que se obtém com violência só se pode conservar pela violência."
- "A violência, quando parece produzir o bem, é um bem temporário; enquanto o mal que faz é permanente."
- "A não violência é o primeiro artigo da minha fé; e é também o último artigo do meu credo."

Indo além
Em círculo, discuta as seguintes palavras com os alunos:

    silêncio interior, calma, contentamento, tranquilidade, paciência, autocontrole, concentração, autoestima, autoconfiança, autoaceitação, desprendimento/desapego.

Para fechar a discussão, peça aos alunos para criarem uma definição para a palavra "paz".

ATIVIDADE 3: O LEGADO DE MARTIN LUTHER KING

Fase 1: Leitura dirigida: O educador distribui uma cópia a cada aluno dos textos a seguir, sobre Martin Luther King Jr. (Atlanta, 1929-Memphis, 1968) e seu discurso. Em seguida, faz uma leitura dirigida, dos textos abaixo, com os alunos sentados em círculo.

Martin Luther King foi pastor e líder do movimento pelos direitos civis nos Estados Unidos. Tornou-se defensor da filosofia da não violência e iniciou seu ativismo político quando foi escolhido pela comunidade negra da cidade de Montegomery (Alabama, EUA) para defender a causa de Rosa Parks, vítima de discriminação num ônibus em que viajava, na tarde de 1 de dezembro de 1955. Promoveu, então, entre a população negra um boicote contra as empresas de ônibus do lugar, mostrando mais uma vez a força de uma organização inteligente diante do arbítrio. O protesto obteve sucesso e acabou com a segregação racial nos coletivos urbanos, depois de um processo jurídico que durou um ano. Os seus ideais eram de derrubar os preconceitos existentes mesmo depois da abolição da escravatura.

King era um excelente orador, culto e admirador de outro grande pacifista: Gandhi. Em 1957, fundou a Southern Christian Leadership Conference (SCLC – Conferência da Liderança Cristã do Sul), através da qual organizou uma ampla campanha por direitos civis, promovendo sermões e passeatas pacíficas por várias cidades norte-americanas. Em 1963, 250 mil negros e brancos caminharam sobre Washington até o Memorial de Lincoln, onde King pronunciou seu famoso sermão "Eu Tenho Um Sonho", que foi tido como o maior discurso do movimento pelos direitos civis. No ano seguinte, conquistou o Prêmio Nobel da Paz. King foi inteligente o suficiente para englobar em seu movimento, não apenas temas exclusivos dos negros, mas também dos pobres e a resistência crítica à Guerra do Vietnã. King foi assassinado a 4 de abril de 1968, no momento em que preparava a Marcha dos Pobres para Washington. Sua morte provocou uma onda de protestos violentos que varreu 125 cidades nos EUA, causando um prejuízo de 45 milhões de dólares e a perda de 46 vidas humanas.

Eu tenho um sonho!

Eu tenho um sonho no qual um dia esta nação se erguerá e viverá o verdadeiro princípio do seu credo: Nós acreditamos que esta verdade é autoevidente, de que todos os homens são criados iguais

Eu tenho um sonho de algum dia nas colinas vermelhas da Geórgia os filhos dos escravos e os filhos dos senhores de escravos se sentarão juntos na mesa da fraternidade. Esta é a nossa esperança. É com esta fé que eu retorno ao Sul.

Com esta fé nós estaremos prontos a trabalhar juntos, a rezar juntos, a lutar juntos, a irmos para a cadeia juntos, a nos erguermos juntos pela liberdade, sabendo que seremos livres algum dia.

Este será o dia quando os filhos de Deus estarão prontos a cantar com um novo significado: Meu país... doce terra da liberdade, para ti eu canto. Terra onde meus pais morreram, terra do orgulho dos Peregrinos, de qualquer lado da montanha, deixe tocar o sino da liberdade.

E se a América será uma grande nação um dia isto também será verdadeiro.

Assim deixe tocar o sino da liberdade!

Quando nos deixarmos o sino da liberdade tocar, quando o deixarmos tocar em qualquer vilarejo ou aldeola, de qualquer estado, de qualquer cidade, nós estaremos prontos para nos erguer neste dia, quando todos os filhos de Deus, brancos ou negros, judeus ou gentios, protestantes ou católicos, estaremos prontos para nos dar as mãos e cantar as palavras de um velho negro:

Por fim livres! Por fim livres! Graças senhor Todo-Poderoso, estamos livres enfim.

(Martin Luther King, 23 de agosto de 1963 – Lincoln Memorial, Washington D.C. Fonte: http://geocities.yahoo.com.br/discursus/perstext/lkingper.html)

Fase 2: Após as leituras dirigidas acima, o educador deve trabalhar, com a classe toda ou em grupos, com as frases seguintes de Martin Luther King.

- "Através da violência, você pode matar o que você odeia, porém não pode matar o ódio."
- "O amor é a única força capaz de transformar um inimigo num amigo."
- "Pouca coisa é necessária para transformar inteiramente uma vida: amor no coração e sorriso nos lábios."

APÊNDICE G

- "O ser humano deve desenvolver, para todos os seus conflitos, um método que rejeite a vingança, a agressão e a retaliação. A base para esse tipo de método é o amor."
- "O perdão é um catalisador que cria a ambiência necessária para uma nova partida, para um reinício."
- "Através da violência você pode matar um assassino, mas não pode matar o assassinato. Através da violência você pode matar um mentiroso, mas não pode estabelecer a verdade. Através da violência você pode matar uma pessoa odienta, mas não pode matar o ódio. A escuridão não pode extinguir a escuridão. Só a luz pode."
- "Eu tenho o sonho de ver um dia meus quatro filhos vivendo numa nação em que não sejam julgados pela cor de sua pele, mas sim pelo seu caráter."
- "Nada no mundo é mais perigoso que a ignorância sincera e a estupidez conscienciosa."

ATIVIDADE 4: AS REUNIÕES RESTAURATIVAS EM TIMOR LESTE

Parte 1

Leitura dirigida: o presente texto poderá servir como reflexão aos facilitadores e participantes dos círculos restaurativos ou mesmo para abordagem em salas de aula.

Timor Leste é um pequeno país situado no Sudeste Asiático, com pouco mais de um milhão de habitantes, oriundos dos mais diversos grupos étnicos. Conta com dois idiomas oficiais, o tétum e o português, com muita utilização diária do indonésio e do inglês, além de mais de 30 dialetos locais, tornando o país uma verdadeira "Torre de Babel".

O cenário rural idílico e colorido esconde a exploratória colonização portuguesa que durou mais de 400 anos e a brutal anexação do país pela Indonésia, que se arrastou por 24 anos e causou um dos maiores genocídios do século passado, sob o olhar complacente da comunidade mundial. Ao fim da forçada colonização indonésia, em 1999, os militares indonésios promoveram no país uma verdadeira destruição em massa, com saques e incêndios generalizados.

Depois da tragédia, a ONU governou o país provisoriamente, e a independência oficial veio com a promulgação da primeira Constituição, em 20 de maio de 2002. A partir de então o país está em pleno processo de reconstrução e desenvolvimento.

Apesar do passado opressor e das dificuldades que a sociedade timorense enfrenta, é impressionante o modo de vida da população e a importância que eles dão às práticas restaurativas. Duas coisas chamam mais a atenção no comportamento do timorense: o valor que eles dão ao perdão e o fato de que qualquer dano ou ofensa praticada na sociedade deve interessar a todos da comunidade.

Em Timor, como em quase todos os países da região do Sudeste Asiático, são comuns as práticas restaurativas nas comunidades, através das reuniões em círculo, e dos procedimentos restauradores. Uma vez ocorrido um conflito interpessoal ou um dano a terceiro, as partes e as famílias logo se reúnem para deliberar como aquele fato afetou determinada pessoa ou grupo de pessoas e como eles negociarão para solucionar os problemas que passaram a afetar aquele grupo familiar ou comunitário.

Os timorenses enfatizam a vida em comunidade e entendem que qualquer dano ou ofensa praticado na sociedade é um sinal de falha da própria família e, em extensão, da comunidade; entendem que não é apenas o ofensor quem falhou, mas toda a engrena-

APÊNDICE G

gem social. O comportamento individual é guiado pela expectativa do grupo. Por isso, a reparação do dano e a prevenção de futuras ocorrências interessam a todos da comunidade, visando preservar a harmonia do grupo. Prevalece uma visão holística da sociedade.

Daí a importância em Timor Leste das reuniões (em círculos) com a participação de várias pessoas da comunidade. Essas reuniões começam com um facilitador, que pode ser um líder familiar ou comunitário, e prosseguem com as explanações das partes envolvidas, até que a questão fique "clarificada", para usar uma expressão muito comum dos timorenses, derivada do verbo "clarificar", que quer dizer "deixar as coisas claras". Segundo o Dicionário Houass (2002), clarificar significa "esclarecer, clarear", mas também "tornar-se mais claro por meio de limpeza ou purificação" e "arrepender-se". Clarificada a situação, o ofensor deve assumir a responsabilidade por seus atos, admitir o erro e reparar o mal causado.

Ao final das reuniões em círculos, ou seja, ao término das discussões sobre a questão envolvida, os timorenses procuram adotar o *badame*, que é o ato de reconciliar-se, de fazer as pazes entre as partes. O *badame* é o conceito de valor dado ao perdão e à reconciliação entre as partes em conflito, para que estas não fiquem ressentidas no futuro. Portanto, além do ofensor admitir o seu erro, reparar os danos e pagar as multas e indenizações cabíveis, os timorenses dão um valor sentimental às reconciliações, e a concórdia deve ser coroada pelo perdão. É comum notar que os timorenses nem sempre ficam satisfeitos com um acordo puro e simples; eles necessitam do gesto e do simbolismo do perdão, para que efetivamente reencontrem a paz.

Assim, além da reparação material, os timorenses levam em conta a reparação simbólica, resultado da comunicação direta que envolve sinais de respeito, cortesia, arrependimento e perdão.

Parte 2

Após a leitura dirigida do texto, reflita com os seus alunos e promova um debate sobre as frases a seguir, relacionadas ao conceito de perdão, tentando compreender o significado e o alcance das expressões. Estas frases podem ser passadas no quadro ou afixadas em cartazes, para reflexões antes das aulas:

- "O perdão entre as pessoas leva paz ao coração de todos" – Gandhi.
- "O fraco jamais perdoa: o perdão é uma das características do forte" – Gandhi.
- "Só quem entende a beleza do perdão pode julgar seus semelhantes" – Sócrates.
- "A pessoa que tem amor é isenta de medos, é capaz de perdoar. É capaz de perdoar as pessoas e a si mesma. Passa a se ver na perspectiva correta. Culpa e rancor são reflexos do mesmo medo. O sentimento de culpa é um rancor mais sutil dirigido para dentro. O perdão dissolve a culpa e o rancor que são emoções desnecessárias e danosas. Perdoe. Perdoar é um ato de amor" – Brian Weiss.
- "Imagino que para lidar com as diferenças entre nós e as outras pessoas, temos de aprender compaixão, autocontrole, piedade, perdão, simpatia e amor – virtudes sem as quais nem nós, nem o mundo, podemos sobreviver" – Wendell Berry.
- "Para todo pecado sempre existe perdão" – Raul Seixas.
- "Não levante a espada sobre a cabeça de quem te pediu perdão" – Machado de Assis.
- "O perdão é um catalisador que cria a ambiência necessária para uma nova partida, para um reinício" – Martin Luther King.

133

APÊNDICE H

ATIVIDADES COM FILMES

O uso de filmes em atividades em classe ou extraclasse é uma ótima ferramenta pedagógica e com destacada importância para reflexões sobre os temas tratados neste livro. Hoje, com a difusão do uso da internet, é possível assistir a diversos curtas ou documentários sobre os temas aqui tratados, como, por exemplo, violência, preconceito, paz, conflitos, entre outros (veja, por exemplo, www.portacurtas.com.br ou www.youtube.com). Vale a pena também a escola obter alguns títulos mais importantes para reflexão e discussão sobre os temas aqui tratados, para que possam ser periodicamente exibidos.

O educador poderá fazer uso de um filme todo ou de partes dele e este uso deverá ser direcionado em função dos valores aqui trabalhados.

Se os filmes forem usados em atividades extraclasses, é importante que os pais sejam convidados para a sessão.

Os alunos poderão assistir aos filmes juntos na classe, ou ainda, eles poderão assistir aos filmes em casa, e os debates serem feitos depois. A primeira opção é preferível em razão de uma melhor integração.

O educador deve incentivar os alunos a assistirem determinado filme, sem fazer grandes ou detalhados comentários. Depois de os alunos terem assistido a um (ou mais) dos filmes sugeridos, o professor deverá promover os debates entre todos. Os debates deverão ser direcionados aos temas para os quais os filmes foram indicados (por exemplo, reflexão sobre violência, paz etc.) e o que o filme repercute, quais as mensagens que o filme traz, qual o motivo de ele ter sido exibido etc. As discussões deverão ser feitas de forma lúdica e motivadora.

Cada grupo deverá nomear um relator para resumir as discussões colocadas e narrá-las para o restante da turma.

Ao final, o educador deverá, em círculo ou em "U", com todos os alunos, quando então os representantes de cada grupo relatarão os pontos de vista, as suas conclusões e as suas opiniões (se houver tempo, todos deverão ser ouvidos).

Alguns pontos poderão ser levantados e discutidos (Diskin, 2008):

- Comentar os pontos positivos e negativos dos filmes.
- Quais as ideias mais importantes transmitidas?
- Qual o momento ou a parte que mais chamou a atenção?
- Quais os valores apresentados nos filmes? Você concorda com tais valores?
- Quais as cenas mais marcantes?

O repertório de filmes sobre os temas aqui tratados é realmente muito grande, de forma que não seria o caso de fazer referências detalhadas sobre eles aqui. Entretanto, alguns são tão interessantes que preferimos relacioná-los, com pequenos comentários sobre cada um, para mostrar que precisam ser vistos e discutidos com os alunos. Outros são citados ao final. São eles (fontes das sinopses: <http://www.curtanaescola.com.br/> <http://www.adorocinema.com/filmes/>):

Cidade de Deus (2002. Direção: Fernando Meirelles, 135 min.): Buscapé é um jovem pobre, negro e muito sensível, que cresce em um universo de muita violência. Ele vive na Cidade de Deus, favela carioca conhecida por ser um dos locais mais violentos da cidade.

APÊNDICE H

Amedrontado com a possibilidade de se tornar um bandido, Buscapé acaba sendo salvo de seu destino por causa de seu talento como fotógrafo, o qual permite que siga carreira na profissão. É através de seu olhar atrás da câmera que Buscapé analisa o dia a dia da favela em que vive, onde a violência aparenta ser infinita.
Comentário: o filme traz profundas reflexões sobre as causas da violência em nossa sociedade; trata da desigualdade, da discriminação social, da corrupção e da problemática das drogas.

A corrente do bem: (2000. Direção Mimi Leder, 115 min.): o filme conta a história de um professor que faz um desafio em sala de aula, no sentido de que todos criem algo que possa mudar o mundo. Um de seus alunos cria um jogo chamado *"pay it forward"*, em que a cada favor que recebe você o retribui a três outras pessoas.
Comentário: o filme desperta diálogos e traz discussões acerca das diferenças, das dificuldades de relacionamento familiar e da dificuldade de entender os mais jovens e sermos entendidos por eles.

Entre os muros da escola (2007. Direção: Laurent Cantet, 128 min.): o filme conta a história de um professor de língua francesa que trabalha em uma escola de ensino médio, localizada na periferia de Paris. Ele e seus colegas de ensino buscam apoio mútuo na difícil tarefa de fazer com que os alunos aprendam algo ao longo do ano letivo, num universo cheio de dificuldades, uma vez que os alunos são mal educados e fazem pouco caso das aulas do mestre.
Comentário: o filme serve para muitas reflexões, entre outras sobre o modelo tradicional de ensino e as dificuldades da escola contemporânea em resolver os seus problemas. Mostra uma escola que tem problemas em lidar com o multiculturalismo e que desconsidera a diversidade dos alunos. Faz pensar sobre os papéis a serem desempenhados pela escola.

Momentos decisivos (1986. Direção: David Anspaugh, 111 min.): o filme mostra a história do treinador de basquete, antigo astro das quadras, no final da carreira, que é contratado para treinar um time de escola do interior, com a responsabilidade de levar o time ao campeonato. A resistência dos moradores e professores da escola local torna-se um obstáculo a seus planos de transformar os jovens jogadores em um time vitorioso. Entretanto, o técnico permanece firme em sua posição de treinar o time conforme as suas convicções.
Comentário: o filme trata das relações entre professor-aluno e ressalta a importância do educador na formação e preparação de cidadãos com valores e formação integral para a vida. É importante para discutir temas diversos, como trabalho em equipe, motivação, moral do grupo, liderança, resistência a novas ideias e estratégias para transpor obstáculos.

Nenhum a menos: (1999. Diretor: Zhang Yimou, 100 min.): o filme mostra a história da professora substituta, Wei Minzhi, de uma escola rural da China, que luta para evitar a evasão escolar. Ela fez de tudo para trazer de volta um aluno indisciplinado que se evadiu e para mostrar a ele o seu valor, até que ele retorna à escola. Ela mostra que cada um tem a sua importância e contagia a escola com a sua prática.
Comentário: o filme mostra que uma educação transformadora é essencial para criar vínculos entre os atores escolares; mostra a importância de uma educação humanista e a influência que a escola exerce sobre todos nós; o filme nos leva a refletir sobre a importância do diálogo professor-aluno na escola.

O sol é para todos. (1962. Direção: Robert Mulligan, 129 min.): um advogado de uma pequena cidade do sul dos Estados Unidos recebe a tarefa de defender um homem negro injustamente acusado de ter estuprado uma jovem branca.
Comentário: o filme é muito bom para trabalhar valores e levar à reflexão sobre o racismo, o preconceito, a discriminação e a igualdade.

O xadrez das cores (2004. Direção: Marco Schiavon, 22 min.): o curta-metragem retrata a história de Cida, uma mulher negra de quarenta anos que vai trabalhar para Maria, uma senhora idosa de 80 anos, viúva e sem filhos e que é extremamente racista. A relação entre as duas mulheres começa tumultuada, com Maria tripudiando Cida por ela ser negra. Cida aguenta a situação, por precisar do dinheiro, até que decide se vingar através de um jogo de xadrez. (Disponível em: http://www.portacurtas.com.br/pop_160.asp?Cod=2932&exib=5937)
Comentário: é um importante filme para pensar, refletir e entender as raízes do preconceito em nosso país.

Pro dia nascer feliz (2005. Direção: João Jardim, 88 min.): o filme mostra as situações que o adolescente brasileiro enfrenta na escola, envolvendo preconceito, precariedade, violência e esperança. Adolescentes de três estados, de classes sociais distintas, falam de suas vidas na escola, seus projetos e inquietações.
Comentário: o filme reflete sobre a falta de significado da escola; a carência material e a precária infraestrutura das escolas; a falta de perspectivas e as inquietações dos nossos jovens. Traz ainda reflexões sobre a importância e a falta de valorização profissional do professor.

Rudy (1993. Direção: David Anspaugh, 116 min.): baseado em fatos reais, o filme narra a história de Rudy Ruettiger, estudante que cresceu em uma cidade metalúrgica e tinha o sonho de jogar futebol americano no time da escola. Ocorre que ele tinha vários problemas: era pobre, as suas notas eram baixas, tinha um fraco porte atlético e a metade do tamanho dos outros jogadores. Mas ele tinha um diferencial: a força de vontade, o espírito de luta e a grande determinação fizeram com que ele superasse todas as dificuldades.
Comentário: o filme desenvolve aspectos importantes para trabalhar a autoestima, tais como: o desejo, a persistência e o desenvolvimento de talentos.

Tiros em Columbine: (2002. Direção: Michael Moore, 120 min.): o documentário investiga a fascinação dos americanos pelas armas de fogo. Questiona a cultura bélica e busca respostas, visitando pequenas cidades dos Estados Unidos, dentre as quais Littleton, no Colorado, onde fica o colégio Columbine.
Comentário: o filme faz uma crítica à indústria armamentista e se tornou uma referência na luta pela paz mundial. É ótimo para discutir sobre o valor da vida humana, a importância do desarmamento e sobre vítimas de *bullying*.

ALGUNS OUTROS FILMES INTERESSANTES SOBRE A NOSSA TEMÁTICA
Conceitos abordados: histórias de vida, persistência, perspectivas de vida
A casa dos espíritos; A grande ilusão; A história de Hanna; Adeus, Meninos; Bicho de sete cabeças; Gandhi; Malcom X; Meninos não choram; Meu nome não é Johnny; Nascido em 4 de julho; O oitavo dia; O pianista; Um grito de liberdade.

Conceitos abordados: preconceito, diferenças, desconhecimento

A luz é para todos; A missão; A outra história americana; Amistad; Chica da Silva; Dançando no escuro; Filadélfia; Hurricane – o furacão; Laranja mecânica; Malcolm X; Neve sobre os cedros; O destino de uma vida; Pixote; Skinhead – a força branca.

Conceitos abordados: esperança, felicidade, compaixão, generosidade

A vida é bela; Ao mestre com carinho; Chocolate; Cinema Paradiso; Conrack; Forrest Gump; Patch Adams, o amor é contagioso.

O AUTOR

Antonio Ozório Nunes é formado no antigo curso de Magistério. Foi professor da rede pública de ensino do estado de São Paulo durante sete anos, período no qual foi também, por dois anos, Coordenador de professores do Ciclo Básico.

Desde 1994 é promotor de Justiça do estado de São Paulo, com vários anos de atuação na área criminal e no setor da Infância e Juventude, onde atualmente exerce as suas funções. Durante todo esse período tem trabalhado com mediação de conflitos.

É mestre em Direito das Relações Sociais pela PUC-SP e professor universitário nas áreas de Criminologia e Direitos Humanos.

Participou da elaboração e da primeira fase de execução do projeto denominado "Apoio e Fortalecimento da Justiça de Timor Leste", coordenado pela ONU, em Timor Leste. Lá, durante um ano, conheceu e trabalhou com a chamada "Justiça Tradicional", através da qual os timorenses, fazendo uso dos "Círculos Restaurativos", discutem e resolvem boa parte dos seus conflitos interpessoais com base nos costumes locais, atuando de forma consensual e restauradora.

LEIA TAMBÉM

50 GRANDES EDUCADORES MODERNOS
de Piaget a Paulo Freire

Joy A. Palmer

Como a estrutura socioeconômica condiciona a educação? Qual é o papel do professor em tempos atuais? Como organizar e planejar a atividade pedagógica de forma prática e racional? De Susan Isaacs a Martin Heidegger, de Jean Piaget a Simone Weil, de Schwab a Elliot Eisner, passando por Vygotsky e Foucault, *50 grandes educadores modernos* abrange a influência, a importância e o caráter inovador do pensamento dos mais importantes educadores modernos, trazendo à tona questões intrínsecas à educação contemporânea. Elaborada de forma didática, a obra analisa criticamente as idéias dos personagens e revela as controvérsias e polêmicas atreladas a cada um deles. Além disso, destaca o perfil de Paulo Freire - um dos maiores pedagogos do século XX, cujas idéias revolucionaram o pensamento pedagógico universal.

DICIONÁRIO DE FILOSOFIA DA EDUCAÇÃO

Christopher Winch e John Gingell

Como se pensa a educação? Quais são os conceitos básicos, quem os formulou, em que termos, em que conjuntura histórica? Extremamente útil para educadores, filósofos, autoridades educacionais e, especialmente, alunos e professores de filosofia da educação, este livro é uma preciosa fonte de referência. *Dicionário de filosofia da educação* oferece um panorama claro e instigante que orienta o leitor através de termos e conceitos necessários, organiza e torna acessível os fundamentos, sempre em linguagem atraente e a partir de uma ótica atual. São mais de 150 conceitos descritos e analisados. Além disso, há referências cruzadas e um detalhado índice remissivo que servem como meio para levar mais a fundo a exploração do assunto.

CADASTRE-SE
EM NOSSO SITE,
FIQUE POR DENTRO DAS NOVIDADES
E APROVEITE OS MELHORES DESCONTOS

LIVROS NAS ÁREAS DE:

História | Língua Portuguesa
Educação | Geografia | Comunicação
Relações Internacionais | Ciências Sociais
Formação de professor | Interesse geral

ou
editoracontexto.com.br/newscontexto

Siga a Contexto
nas Redes Sociais:
@editoracontexto